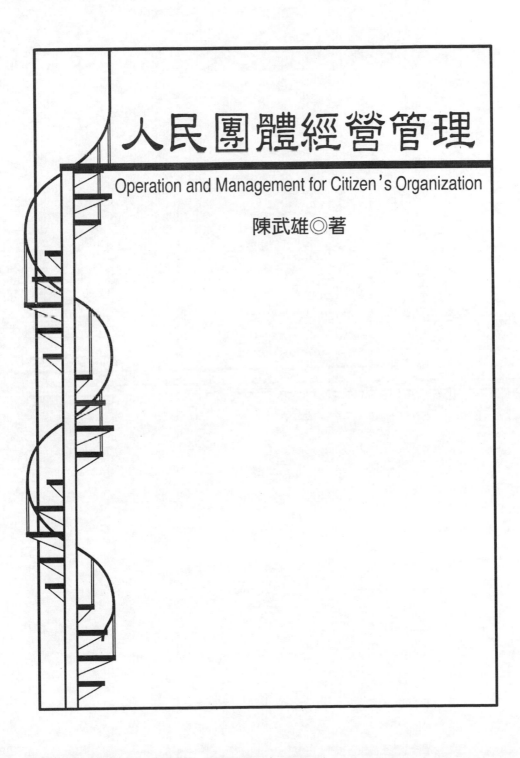

# 人民團體經營管理

Operation and Management for Citizen's Organization

陳武雄◎著

# 自　序

　　面臨「主權在民」的時代，人際交往日益頻仍；或因關愛、或因扶持、或因志趣、或因服務，每個人隨自己性之所近，興之所趨，可以不只參加一種團體，已是司空見慣；聚志同道合之士，作研商歷練之集，使得介乎家與國之問的團體，成為充實自己、協助別人之所在，更成為眾人一致的嚮往；只要每個人參與團體的動機純真，而將生活融涵於團體之中；且如每個團體均能落實實踐章程既定的宗旨與任務，健全組織、發揮功能，深信其對社會、國家之貢獻應該都是受肯定的。

　　人民團體是社會組織中最重要的一環，居於社會組織中扮演一種「中介角色」的地位；其不論是職緣、趣緣、血緣、地緣或誼緣的結合，任何一個人民團體的設立，我們都期盼它能：(1)在會務推展中凝塑民主素養，(2)在急公好義中善盡社會責任，(3)在參與過程中學習自我成長，(4)在聯誼歡樂中增添生活情趣，(5)在組織運作中培養敬業精神，(6)在響應政策中配合社會運動，(7)在活動交流中拓展國民外交。人民有「結社」之自由，雖憲法已有明確保障，然更誠摯地盼望所有人民團體均應秉持「自由中有約束，開放中重法紀」的自律精神，致力促使人民團體成為帶動社會進步，促進國家發展的最佳助力。

　　筆者自民國六十年八月擔任公職在台北市政府社會局服務以來，一直負責人民團體輔導的業務，至今仍未間斷。多年

來,遍尋坊間,總是感覺很難找到一本與「人民團體」有關的專門性著作;即使這二十年來,台灣非營利組織的研究蓬勃發展,惟細讀有關非營利組織的論著,篇幅之間,似乎均僅專注於財團法人基金會的鑽研,而普遍忽略了人民團體的論述;因此,不禁令人置疑,人民團體到底是否屬於非營利組織的一環;如果是,期盼非營利組織的領域,應該重視人民團體或稱民間團體之研究,以免似有所缺。

個人有幸自民國七十五年開始在實踐大學前身實踐家專社會工作科首開「社團組織與輔導」課程,復於八十六年在中國文化大學社會工作系開設「人民團體組織與輔導」;由於教學需要,乃下定決心從工作的歷練中,融合實務的經驗,參採既有的各種人民團體法規作基礎;於民國七十五年著述出版《人民團體組織與輔導》一書,並於八十六年修訂再版。

近年來,由於社會結構的轉型,政治生態的丕變,以及法令規章的不斷修訂,加上非營利組織的日益增多;為因應各種變遷的實際需要,遂又著手撰述《人民團體經營管理》一書。至盼本書之出版,不但可更加充實教學之內容,尤更盼望對於各級人民團體主管機關相關負責輔導人民團體業務的工作伙伴,與人民團體領導幹部及工作人員能有實質的助益;當然,更懇切籲請致力非營利組織研究的學者專家,對於人民團體能夠予以重視。

本書能夠順利出版,固值欣慰;惟筆者才疏學淺,所知有限;且出版之際,抄校均係親自處理,謬誤之處,在所難免;敬祈學者專家不吝教正。

陳武雄 謹識

九十二年八月十五日

# 目　錄

# 第一章

## 人民團體的基本概念

# 壹、引言

　　人民團體的組織與活動，是以結合各業民眾，發展會務、業務，期以增進情感、貢獻智慧、團結合作、服務互助及造福會員為主旨；而以溝通民意、推行政令，進而促進社會和諧、達到建設國家為依歸。人民團體的本質原屬民法規定社團法人之一種，惟其組織型態、籌組立案及法人登記等程序，另以人民團體法及各種特別法為依據，故其與普通社團法人有別。因此，「人民團體」一詞，並非泛指所有民眾組織之團體，而係專指具有共同職業、興趣、利益、信仰、籍貫或姓氏等特定的一群人為著滿足共同的需要或解決共同的問題而依人民團體法及其他特別法組織的「法定人民團體」而言。易言之，人民團體乃許多個體依法結合的社會組織，其中存在著相互作用者。由此可知，人民團體的組成或導自於有競爭或支配他人意欲的一群人具有共同的興趣；或由於一群祈求安全的人士產生崇拜超自然力的心理；或導自於具有慈悲為懷、博愛互助的一群人，為著滿足其改善社會風氣及服務社會人群的興趣；或由於一群人為著尋求事業或職業的安全，藉著團體的力量去保障權益和謀求福利；不論其結合的動機何在，對社會、國家均有肯定的影響作用。

　　人民團體是整個社會組織中最重要的一環，亦是非營利組織的重要部門。各級人民團體的性質不一，業務各異，其組織之健全與否關係人民的權益甚大，所以政府主管機關應積極輔導人民團體成為大眾需要的團體，不要為少數人所操縱利用。依據內政部統計資料顯示，截至九十一年十二月底，目前國內各級人民團體組織多達二萬五千多個，其中性質不同，業務殊

異；有事業目的的團體，常因經費充裕，造成人員繁冗，開支浮濫；無業務收入者，則僅賴少數會費收入或政府補助維持其名義，實已名存而實亡；尤其亦有若干人民團體，其人員之聘派解僱，預算支配，因無完善的人事與財務管理辦法，完全為少數人所把持操縱，以致糾紛迭起，常為社會所詬病。凡此等等非但直接關係人民的權益，更間接影響社會的進步與國家的安全；因此如何加強輔導人民團體健全組織，強化功能，乃主管機關所刻不容緩的重責大任。

# 貳、人民團體的種類與主管機關

## 一、種類

人民團體分為下列三種：

### (一)職業團體

以協調同業關係，增進共同利益，促進社會經濟建設為目的，由同一行業之單位，團體或同一職業之從業人員組織之團體（註一）。

### (二)社會團體

以推展文化、學術、醫療、衛生、宗教、慈善、體育、聯誼、社會服務或其他以公益為目的，由個人或團體組成之團體（註二）。

## (三)政治團體

以共同民主政治理念，協助形成國民政治意志，促進國民政治參與爲目的，由中華民國國民組成之團體（註三）。凡依法設立之政黨均屬政治團體，如國民黨、民進黨、親民黨等；惟政治團體未必完全是政黨，如中華民國國家發展策進會、中華婦女反共聯合會等。

## 二、主管機關

依人民團體法第三條規定，人民團體之主管機關，在中央及省爲內政部，在直轄市爲直轄市政府；在縣（市）爲縣（市）政府。但其目的事業應受各該事業主管機關之指導、監督。

惟依工會法、農會法及漁會法等特別法規定，勞工團體在中央及省之主管機關爲行政院勞工委員會；而農漁團體在中央及省之主管機關爲行政院農業委員會。

另應特別一提的是，任何一個人民團體，除主管機關外，還有目的事業主管機關。所謂目的事業主管機關，係依各人民團體所從事的業務目的而定；例如：中華民國全國工業總會，其主管機關爲內政部，目的事業主管機關則爲經濟部；台北市佛教會，其主管機關爲台北市政府（社會局），目的事業主管機關則爲台北市政府（民政局）；高雄縣教育會，其主管機關爲高雄縣政府（社會局），目的事業主管機關則爲高雄縣政府（教育局），……依此類推。

# 參、人民團體的成立要件

人民團體欲期獲得健全發展，並發揮組織功能，必須於成立之前，作各種周詳的考慮與規劃。人民團體的成立要件，包括下列幾個要素：

## (一)章程

團體的行動是一致的、整體的，個人行動不能超越團體行動。人民團體的行動，一切應以章程為最高準則，章程之於團體，猶如憲法之於國家。因之，任何人民團體均須依據有關法令規定，並審酌團體個別性質，訂定周詳、嚴明的章程，載明團體的宗旨與任務、明定團體運作的目標與方向及規範團體份子的權利與義務；俾團體份子共同遵守，貢獻個人所長，致力團體發展。

## (二)宗旨

團體的成立必須要有正確的宗旨，因宗旨是團體推展會務業務的指針；對外揭示團體工作的目標，對內促進團體份子的團結。如商業團體係以推展國外貿易，促進經濟發展，協調同業關係，增進共同利益，協助政府推行政令為宗旨；而工人團體則以保障勞工權益，增進勞工知能，發展生產事業，改善勞工生活為宗旨。

## (三)組成份子

團體乃個人之結合，所謂組成分子係指人民團體的會員而言，此乃人民團體成立的基本動力。人民團體如產生會員代

表，其權利之行使與會員同（註四）。依照人民團體法規定，人民團體會員代表之產生來源有三：(1)由會員單位推派（註五），如工商團體等會員單位推派之代表，(2)由下級團體選派，如由省（市）級團體選派參加中央級團體的代表（註六），(3)依人民團體法第二十八條規定，凡人民團體代表人數超過三百人以上者，得劃分地區，依會員或會員代表人數比例選出代表；惟依此規定產生之代表，其地區劃分及應選代表名額之分配，應報請主管機關核備（註七）。其有關規定為：

1.會員的入會：凡中華民國國民年滿二十歲，符合人民團體章程會員入會資格之規定，均可申請參加該人民團體為會員。一般言之，會員可區分為：(1)個人會員，(2)團體會員，(3)贊助會員，(4)榮譽會員。

2.會員的除名：人民團體會員（會員代表）有違反法令、章程、或不遵守會員（會員代表）大會決議而致危害團體情節重大者，得經會員（會員代表）大會決議予以除名（註八）。

3.會員的出會：人民團體會員（會員代表）有下列情事之一者，應予出會（註九）：(1)死亡，(2)喪失會員資格者，(3)經會員（會員代表）大會決議除名者。

4.會員的權利：人民團體會員（會員代表）有表決權、選舉權、被選舉權與罷免權；且每一會員（會員代表）均為一權（註十）；惟贊助會員或榮譽會員除外。

5.會員的義務：會員（會員代表）的義務應與權利基於均等原則，會員（會員代表）應有遵守團體章程、決議及繳納會費之義務。

人民團體的組成份子必須具有若干共同的觀念、信仰、價值和態度，或具有共同的興趣與利害關係，這種因素乃團體成

立的主要媒介或動力。團體組織的健全與否可以依據其組成份子心理表現為斷，如其份子的心理聯繫很強，而大家有意識地或無意識地朝向一個共同的目標而賣力，則團體組織一定是鞏固的；反之，份子之間的聯繫脆弱，或者常發生矛盾或衝突，並呈現貌合神離的現象，則團體的組織必定是散漫的；所以如何使團體的組成份子產生心理互動或意見溝通，乃是人民團體所應努力的方向與目標。

## (四)領導幹部

所謂領導幹部係指人民團體經選舉產生的理事、監事、常務理事、常務監事及理事長等職員而言；各項職員均為無給職（註十一）。其相關規定為：

1.職員之名額（註十二）：
(1)縣（市）以下人民團體之理事不得逾十五人。
(2)省（市）人民團體之理事不得逾二十五人。
(3)中央直轄人民團體之理事不得逾三十五人。
(4)各級人民團體之監事名額不得超過該團體理事名額三分之一。
(5)各級人民團體理事、監事名額在三人以上時，得分別互選常務理事及常務監事，其名額不得超過理事及監事總額之三分之一。
(6)各級人民團體應由全體理事就常務理事中選舉一人為理事長，其不設常務理事者，就理事中互選之；常務監事在三人以上時，應互推一人為監事會召集人。
(7)各級人民團體均得置候補理事、監事，其名額不得超過該團體理、監事名額三分之一。

2.職員之選任：

(1)人民團體之理、監事係由該團體之會員（會員代表）選舉產生；其任期除法律另有規定者外，不得超過四年，且連選得連任；惟理事長之連任，以一次爲限。（註十三）

(2)人民團體之常務理事、理事長及常務監事分別由理事會及監事會依規定選舉產生。

(3)人民團體理、監事之當選，不限於人民團體法第二十八條規定選出出席會員代表大會之代表；且上級人民團體理、監事之當選不限於下級人民團體選派出席之代表，又下級人民團體選派出席上級人民團體之代表，不限於該團體理、監事（註十四）。

(4)人民團體選任理事、監事組成之理事會、監事會應依會員（會員代表）大會之決議及章程之規定，分別執行職務（註十五）。

3.職員之解任：人民團體理事、監事有下列情事之一者，應即解任，其缺額由候補理事、監事分別依次遞補（註十六）：

(1)喪失會員（會員代表）資格者。

(2)因故辭職經理事會或監事會決議通過者。

(3)被罷免或撤免者。

(4)受停權處分期間逾任期二分之一者。

4.職員之罷免：人民團體理事、監事執行職務，如有違反法令、章程或會員（會員代表）大會決議情事者，除依有關法令及章程處理外，得經會員（會員代表）大會通過罷免之（註十七）。

領導幹部是人民團體的最高行政者，也是人民團體對外之

代表；他是團體內在關係的控制者，也是團體的仲裁者。領導幹部務必具有高度的責任心與使命感，負責盡職，犧牲奉獻；團體始能健全發展，發揮整體功能。

## (五)組織

　　人民團體的組織包括：領導部門及執行部門。領導部門係指會員大會或會員代表大會、理事會及監事會；而執行部門則指秘書長、副秘書長或總幹事、副總幹事以及分組辦事的各組，如會務組、業務組、活動組、總務組、會計組……及各委員會。人民團體是否能夠充分發揮其功能，端視其組織是否健全而定。

## (六)工作計畫

　　任何一個人民團體在成立之前，或年度開始之初，均需按照團體的任務與實際的需要，擬訂具體可行的工作計畫，提經會員大會或會員代表大會審議通過後，作為團體會務業務實施的依據；團體如無工作計畫，則團體必形同虛設，有名無實；甚至根本沒有存在的必要。

## (七)經費

　　人民團體應該要有固定的經費來源，始能維持其持久存在；目前人民團體普遍存在的共同現象是經費不足，尤其是社會團體更甚。其有關規定為：

1.經費來源：人民團體的經費來源如下：(1)入會費，(2)常年會費，(3)事業費，(4)會員捐款，(5)委託收益，(6)基金及其孳息，(7)其他收入（註十八）。
2.預、決算報告：人民團體應每年編造預算、決算報告，提

經會員（會員代表）大會通過，並報主管機關核備。但決算報告應先送監事會審核，並將審核結果一併提報會員（會員代表）大會（註十九）。依照規定，人民團體之會計年度係自每年一月一日至十二月三十一日。

3. **經費收支之審議**：人民團體之經費收支，應於每次理事會議時提出審議，並由理事會送請監事會監察，監事會監察發現有不當情事者，應提出糾正意見，送請理事會處理；如理事會不為處理時，監事會得提報會員（會員代表）大會審議（註二十）。

# 肆、人民團體的組織原則

人民團體的組織原則，一般言之可分為下列數項：

## (一)自動組織或輔導籌組

在人民團體中，社會團體均係自動組織；亦即其組織係由民眾基於共同志趣、理念、信仰與需要，為達成某種特定目的，憑其自由意志，經過法定的發起人數，自動向政府申請組織；經政府核准籌組後，召開發起人會議，推舉籌備委員組織籌備會，積極進行籌備工作，以至召開成立大會正式成立。惟職業團體則係輔導籌組；亦即其組織係基於政策及實際需要，由政府輔導籌組，其目的在加強各業組織力量，增強同業功能，以求達到「業必歸會」之政策目標。

## (二)組織區域

人民團體以行政區域為其組織區域，並得分級組織（註二十一）；惟分級組織之設立，應依人民團體法之規定向當地主管機

關辦理（註二十二）。一般言之，人民團體的組織區域分爲三級，
即：中央級、省（市）級及縣（市）級。

## (三)同類組織的限制

人民團體在同一組織區域內，除法律另有限制外，得組織
二個以上同級同類之團體；但其名稱不得相同（註二十三）。依此
規定，社會團體之組織已突破過去「同性質同級者以一個爲限」
的限制。

## (四)組織形式

人民團體的組織形式，可分爲三種：(1)「有級數有系統」
的組織：即既分級，又有隸屬關係，上級可以指揮下級，如縣
市以下之農會；(2)「有級數無系統」的組織：即根據行政區域
的縣級、省級（直轄市級）或全國性所組織的團體，但上下級
並無隸屬關係，上級團體僅扮演協調的角色，如漁會、商會；
(3)「無級數無系統」的組織：即以某一地區爲範圍，並無上級
下級之分，如律師公會、社會團體等。

## (五)組織次序

人民團體的組織次序，應由下而上，即先組織其下級團
體，俟有相當數目時，再發起組織其上級團體。惟國際團體以
自上而下組織爲原則，先組織全國性團體，再組織地方性團
體。宗親會、同鄉會及同學會、校友會以自下而上組織爲原
則，先組織下級團體，再組織上級團體，上級團體須有半數以
上之下級團體發起組織。但全國性上級團體須有三省（市）以
上之下級團體發起組織（註二十四）。

國內外大專以上及國內高中（職）學校之同學、校友會如
確無法依前項規定由下而上組織者，得依規定逕行申請組織全

國性團體。但已設立下級團體者，應聯合各該團體共同發起組織之。

　　性質特殊之團體發起單位不足前項數額時，除另有規定外，得由主管機關酌情核准之（註二十五）。

### (六)團體會址

　　人民團體的會址應設於主管機關所在地區；但報經主管機關核准者，得設於其他地區，並得設分支機構（註二十六）。

# 伍、人民團體的功能

　　健全團體組織，強化團體功能，俾藉以充實社會力量，安定社會秩序，繁榮社會經濟，促進社會進步乃人民團體所應致力的方向，亦為人民團體所應有的任務。概括言之，人民團體功能為：

### (一)促進個人心智發展

　　個人參與團體活動，由於與他人發生交互行為與心理互動關係，促使個人的知識能力，漸趨成熟；因而，不但可使個人增進社會生活的適應力，更可促進個人發揮其潛在力。

### (二)能使個人感覺充實與安全

　　所謂團體就是力量，一個人難免會覺得力量薄弱，生活單調空虛，甚至會有「似有所缺」的感覺；若與他人結合，不但自覺力量較大，而且生活也更加充實與安全。

### (三)激發個人努力與成就

競爭是進步的動力，個人生活常因他人的刺激，而引起相互競爭與向上之心；許多大事業，最初常藉此種社會力量所激發而成的。在團體當中彼此互相觀摩比較，由於「成就感」與「榮譽感」之驅使，必能激勵個人倍加努力、力爭上游。

### (四)能做個人所不能做的事

個人即使雄心萬丈，且富有勇氣與毅力，期盼為社會做些有意義的公益事業，但由於個人力量有限，孤掌難鳴，常難達成目標；如果組織團體，必能藉大眾的力量，發揮團隊精神，積沙成塔，眾志成城，以達成個人的雄心與意願。

### (五)能使做事更有秩序且更可靠

在有組織的團體中，一切建立制度，且運用科學的管理方法；處理事務依照優先順序、輕重緩急，有效能、有紀律；則人人必能按部就班，全力以赴，達成團體期望的目標。

### (六)能使思想知識保存傳承

保存並傳播思想，雖有恃個人的努力，但個人往往不如有組織的團體能夠持久，且能作系統的保存與傳播；透過團體的整體力量，必能使思想知識的保存與傳承，達到更大的預期效果。

### (七)能使文化弘揚推廣

在有組織的團體中，能集中眾人的心思才能，貢獻智慧，研究評估，分辨錯綜複雜的各種文化思想，取其適合社會需要者，發揚光大；對不需要者予以袪除；以導向社會的進步，文

化的傳播。

## (八)促進社會和諧協調

　　人民團體由於活動形態的擴展，使人群關係日趨密切；交換意見，溝通觀念，開拓了社會各階層和諧協調，相輔相成的基礎；對於安和樂利的社會，提供了無形的支持力量。

## (九)蔚成民主政治風氣

　　人民團體由於活動方式的自由民主，養成了民主生活的優良習性，因而促使政治向上發展；更由於四權行使的訓練，促使社會生活導入憲政常軌。

## (十)加速經濟發展

　　人民團體由於合理的自由競爭及互助合作的增進，促使經濟加速發展，生活更加充裕。更由於結合同業力量，貢獻智慧，共研經營方法與技術，藉此對於經濟發展的快速成長，必然更有促進的功能。

## (十一)加強民族團結

　　人民團體是由具有共同志趣與需要的一群人結合而成的社會組織，組成的份子為了達成共同的目標，彼此之間必然產生命運共同體的堅強意識；更由於彼此互助合作，溝通思想；直接強化團體功能，間接加強民族團結。

## (十二)協助政令推行

　　政令推行旨在如何加強宣導，而廣泛地將政府能為人民做些什麼？及政府要求人民做些什麼的主要意旨傳達給民眾，使其深入瞭解並澈底配合實施。人民團體係集志趣與需要相投的

眾人所結合，政府的政策爲能爭取人民的支持，透過人民團體各種集會加以說明及疏導，實爲最好的媒介，也最易達到上情下達、下情上達的溝通功能。

# 陸、結語

人民團體係社會的骨幹，亦即社會組織的基礎，更是「國」與「家」之間最好的溝通媒介；團體的組成份子，透過團體向上可以向國家提供有價值的建議，向下可以影響家庭的重要活動，因此各級人民團體之健全發展與否對社會國家影響至大。於是如何強化人民團體組織，弘揚人民團體功能，使團體力量與政府需求相結合；使生活保障與家庭結構齊健全；使社會建設與國家安全同精進；實乃人民團體主管機關輔導人民團體所應致力的積極目標與努力方向。

## 註　釋

註一：人民團體法第三十五條。

註二：人民團體法第三十九條。

註三：人民團體法第四十四條。

註四：人民團體法第十三條。

註五：同前註。

註六：同前註。

註七：人民團體法第二十八條。

註八：人民團體法第十四條。

註九：人民團體法第十五條。

註十：人民團體法第十六條。

註十一：人民團體法第二十一條。

註十二：人民團體法第十七條。

註十三：人民團體法第二十條。

註十四：人民團體法第十九條。

註十五：人民團體法第十八條。

註十六：人民團體法第二十三條。

註十七：人民團體法第二十二條。

註十八：人民團體法第三十三條。

註十九：人民團體法第三十四條。

註二十：督導各級人民團體實施辦法第十條。

註二十一：人民團體法第五條第一項。

註二十二：人民團體法第五條第二項。

註二十三：人民團體法第七條。

註二十四：社會團體許可立案作業規定：五。

註二十五：同前註。

註二十六：人民團體法第六條。

# 第二章

## 人民團體相關名稱釋義

# 壹、引言

　　人民團體的組成，不論是基於職緣、趣緣、血緣、地緣、誼緣、學緣或政緣關係，都有其獨立的名稱，然而，一般人未必對於各種名稱均能全然瞭解，以致當申請組織團體時，只會急著要以最快的速度籌組完成，卻根本未能確定具體的名稱，結果費盡周章，毫無頭緒，心灰意冷，牢騷滿腹；或指責政府機關不便民，或埋怨公務人員太僚氣。事實上，主要是由於其對人民團體到底是什麼？絲毫沒有概念；甚至對於自己為什麼要籌組團體？及人民團體究竟負有什麼任務？也毫無瞭解，當然徒勞而無功。在此擬就人民團體常見及常用之有關名稱，扼要陳述其涵意，以供參考。

# 貳、相關名稱釋義

　　依據人民團體法第四條規定，人民團體分為職業團體、社會團體及政治團體三種，茲將職業團體及社會團體所含各種團體名稱及涵義，分別說明如后。

## (一)職業團體

1.工業會：工業會分縣（市）工業會、省（市）工業會及全國工業總會三種；其會員有團體會員及工廠會員二種。依工業團體法第四十九條規定：縣（市）工業會由領有工廠登記證照而無法加入工業同業公會之工廠滿五家以上時組織之；不滿五家時，加入鄰近縣（市）工業會為會員。第

五十條規定：直轄市工業會由領有工廠登記證照而無法加入工業同業公會及直轄市工業同業公會組織之。第五十一條規定：省工業會由縣（市）工業會及省工業同業公會組織之。第五十四條規定：全國工業總會由下列團體會員滿五十單位時組織之：(1)省（市）工業會；(2)未組織全國各業工業同業公會聯合會之特定地區工業同業公會；(3)全國工業同業公會；(4)全國各業工業同業公會聯合會。

2. 工業同業公會：工業同業公會分省（市）工業同業公會、特定地區工業同業公會、全國工業同業公會及全國各業工業同業公會聯合會四種。依工業團體法第七條規定：凡在同一組織區域內，有依法取得工廠登記證照之同業工廠滿五家以上時，應組織該業工業同業公會。但全國工業同業公會之組織，得不受上項家數之限制。第九條規定：同一區域內之同業組織工業同業公會，以一會為限。第八條規定：工業團體之分業標準，由經濟部會同內政部定之；特定地區工業同業公會組織區域之劃分，由內政部會同經濟部定之；調整時亦同。

3. 商業會：商業會分縣（市）商業會、省（市）商業會及全國商業總會三種。第五十五條規定：縣（市）商業會由縣（市）商業同業公會及縣（市）內經政府核給登記證照，無縣（市）商業同業公會組織之公司、行號等會員組織之。第五十六條規定：省商業會由縣（市）商業會及省各業商業同業公會聯合會等會員組織之。第五十七條規定：直轄市商業會由直轄市內經政府核給登記證照，而無商業同業公會組織之公司、行號等會員組織之。第五十八條規定：全國商業總會由下列會員組織之：(1)省（市）商業會；(2)全國性各業商業同業公會聯合會；(3)全國性各業輸出業同業公會聯合會；(4)未組織全國性聯合會之特定地

區各業輸出業同業公會。

4.商業同業公會：商業同業公會分縣（市）商業同業公會及
直轄市商業同業公會二種。依商業團體法第八條規定：在
同一直轄市或縣（市）區域內，依公司法或商業登記法取
得登記證照之同業公司、行號達五家以上者，應組織該業
商業同業公會。第四十九條規定：特定地區內依公司法或
商業登記法取得登記證照之輸出業同業公司、行號達五家
以上者，應報經主管機關核准，組織該業輸出業同業公
會。第四條規定：各類商業團體分業標準，由經濟部會同
內政部定之；調整時亦同。第四十八條規定：特定地區輸
出業同業公會組織區域之劃分，由內政部會同經濟部定
之；調整時亦同。又第九條規定：同一區域內之同類商業
同業公會以一會為限。

5.商業同業公會聯合會：商業同業公會聯合會分省商業同業
公會聯合會及全國商業同業公會聯合會二種。依商業團體
法第四十一條規定：在同一省區內，有半數以上縣（市）
成立縣（市）商業同業公會者，報經省級主管機關核准，
得合組全省各該業商業同業公會聯合會。第四十二條規
定：全國有七個以上省（市）成立省商業同業公會聯合會
及直轄市商業同業公會者，經中央主管機關核准，得合組
全國商業同業公會聯合會。省商業同業公會聯合會及直轄
市商業同業公會在全國成立之公會未達前項所定數額時，
得由中央主管機關會商中央目的事業主管機關同意後，合
組全國該業同業公會聯合會。又第四十九條規定：特定地
區同業之輸出業同業公會達三個以上者，經中央主管機關
核准，得組織全國性該業輸出業同業公會聯合會。

6.工會：工會分產業工會、職業工會、總工會及分業工會聯
合會等。依工會法第六條規定：工會係指同一區域或同一

廠場年滿二十歲之同一產業工人，或同一區域，同一職業之工人，人數在三十人以上，為著保障全體利益所組成的勞工組織。第一條開宗明義地指出：工會係以保障勞工權益，增進勞工知能，發展生產事業，改善勞工生活為宗旨。第七條規定：工作之區域以行政區域為組織區域。

7.**產業工會**：依工會法第六條規定：同一產業內由各部分不同職業之工人，年滿二十歲三十人以上所組織之工會為產業工會。產業工會之種類，由中央主管機關定之。

8.**職業工會**：依工會法第六條規定：聯合區域同一職業之工人，年滿二十歲三十人以上所組織之工會為職業工會。職業工會之種類，由中央主管機關定之。

9.**總工會**：總工會分縣（市）總工會、省（市）總工會及全國總工會。依工會法第四十七條規定：同一縣（市）區域內產業工會、職業工會合計滿七個單位，並經三分之一以上單位發起，得函請主管機關登記組織縣（市）總工會。第四十八條規定：同一省區內各縣（市）總工會組織已達半數，並經三分之一以上單位發起，得函請主管機關登記組織省總工會。第五十條規定：各省總工會、院轄市總工會及各業工會全國聯合會，經二十一個單位以上之發起，得申請登記組織全國總工會。

10.**分業工會聯合會**：依工會法第四十九條規定：同一業類之工會，經七個單位以上之發起，得函請主管機關登記組織各該業省（市）及全國工會聯合會；但分業工會聯合會，各業以組織一個聯合會為限。

11.**農會**：依農會法第六條規定：農會分鄉（鎮、市、區）農會、縣（市）農會、省（市）農會及全國農會。各級農會得視事實需要，報經主管機關核准設立辦事處；鄉、鎮、市、區以下，應按實際需要，劃設農事小組，

為農會事業基層推行單位，必要時並得分班工作。第七條規定：各級農會以行政區域為其組織區域，並冠以各該區域之名稱，同一區域內以組織一個農會為原則；第八條規定：鄉、鎮、市、區內具有農會會員資格滿五十人時應發起組織基層農會；下級農會受上級農會之輔導，其辦法由中央主管機關定之。

12.漁會：依漁業法第六條規定：漁會分區漁會、省（市）漁會及全國漁會。各級漁會得視事實需要，報經主管機關核准設立辦事處。區漁會為基層漁會，於漁業集中之漁區設立之；其漁區劃分，在省，由中央主管機關勘查後公告之；在直轄市，由直轄市主管機關勘查後，報由中央主管機關核定公告之。區漁會名稱，由主管機關定之。第七條規定：同一漁區或同一鄉、鎮、區內不得組織兩個同級漁會。第十一條規定：漁區內具有會員資格之漁民滿一百人以上時，應發起組織區漁會；下級漁會或成立三個以上或經中央主管機關核准，得組織上級漁會；未組織省（市）漁會之區漁會直屬全國漁會，或加入鄰近之省（市）漁會。下級漁會應受上級漁會之輔導，其辦法由中央主管機關定之。

13.教育會：教育會係依據教育會法及其他有關法令組織而成。依教育會法第五條規定：教育會分鄉（鎮、市、區）教育會、縣（市）教育會、省（市）教育會及全國教育會。第二條規定：教育會為法人。第七條規定：同一區域內之教育會以一會為限。第十五條規定：中華民國國民，年滿二十歲，服務或居住於教育會組織區域內，現任各級學校及幼稚園教職員，或曾任各級學校教職員三年以上，或現任各級教育行政機關教育行政人員、社會教育機構專業人員及學術研究機構研究人員者，得加入

服務或居住之鄉（鎮、市、區）教育會為個人會員。各級學校、社會教育機構、學術研究機構得加入所在地之鄉（鎮、市、區）教育會為贊助會員。

14.律師公會：分地方律師公會及全國律師公會聯合會兩級。依律師法第十一條規定：地方法院登錄之律師，滿十五人者，應於該法院所在地設立律師公會，並以地方法院之區域為組織區域。其未滿十五人者，應暫時加入鄰近地方法院所在地之律師公會，或共同設立之。各地方律師公會得以七個以上之發起人，及全體過半數之同意，組織全國律師公會聯合會。律師非加入律師公會，不得執行職務。在同一組織區域內之同級公會，以一個為限。

15.會計師公會：分省（市）會計師公會及全國會計師公會聯合會兩級。依會計師法第二十九條規定：省（市）會計師公會應由省（市）行政區域內開業會計師九人以上發起組織之；其不滿九人者，應加入鄰近之省（市）會計師公會或聯合組織之。第三十條規定：全國會計師公會聯合會應由省（市）會計師公會七個以上之發起及全體過半數之同意組織之。省（市）會計師公會應加入全國會計師公會聯合會為會員。又第二十七條規定：會計師登錄後，非加入會計師公會，不得執行職務；會計師公會亦不得拒絕其加入。

16.醫師公會：分縣（市）醫師公會、省（市）醫師公會及全國醫師公會聯合會三級。依醫師法第三十二條規定：醫師公會之區域，依現有之行政區域，在同一區域內同級之公會，以一個為限。第三十三條規定：直轄市及縣（市）醫師公會，以在該管區域內執業醫師九人以上之發起組織之，其不滿九人者，應加入鄰近區域之公會或共

同組織之。第三十四條規定：省醫師公會之設立，應由該省內縣（市）醫師公會五個以上之發起，及全體過半數之同意組織之；其縣（市）公會不滿五單位者，得聯合二個以上之省共同組織之。第三十五條規定：全國醫師公會聯合會之設立應由省或直轄市醫師公會七個以上之發起，全體過半數之同意組織之。

17. 中醫師公會：分縣（市）中醫師公會、省（市）中醫師公會及全國中醫師公會聯合會三級。中醫師公會係由領有衛生主管機關發給中醫師登記及格證明書之執業中醫師所組成，其組織情形與醫師公會同。

18. 牙醫師公會：分縣（市）牙醫師公會、省（市）牙醫師公會及全國牙醫師公會聯合會三級。牙醫師公會係由領有衛生主管機關發給牙醫師登記及格證明書之執業牙醫師所組成，其組織情形亦與醫師公會同。又鑲牙生另組鑲牙生公會，其組織情形與牙醫公會同。

19. 藥師公會：分縣（市）藥師公會、省（市）藥師公會及全國藥師公會聯合會三級。依藥師法第二十八條規定：藥師公會之區域，依現有之行政區域，在同一區域內，同級之公會以一個為限。第二十九條規定：直轄市及縣（市）藥師公會以在該區域內藥師九人以上之發起組織之；其不滿九人者，得加入鄰近區域之公會或共同組織之。第三十條規定：省藥師公會之設立，應由該省內縣（市）藥師公會五個以上之發起及全體過半數之同意組織之；其縣（市）公會不滿五單位者，得聯合二個以上之省共同組織之。第三十一條規定：全國藥師公會聯合會之設立，應由省或直轄市藥師公會七個以上之發起及全體過半數之同意組織之。

20. 獸醫師公會：分縣（市）獸醫師公會、省（市）獸醫師

公會及全國獸醫師公會聯合會三級。依獸醫師法第四十三條規定：各級獸醫師公會組織之範圍，依行政區域劃分之，在同一區域內同級之公會以一個為限。第四十四條規定：直轄市及縣（市）獸醫師公會以在該區域內獸醫師或具有開業資格之獸醫佐九人以上發起組織之，其不滿九人者，得加入鄰近區域之公會或共同組織之。第四十五條規定：省獸醫師公會之設立，應由該省內縣（市）獸醫師公會五個以上之發起及全體過半數之同意組織之，其縣（市）公會不滿五單位者，得聯合二個以上之省共同組織之。第四十六條規定：全國獸醫師公會聯合會應由省（市）獸醫師公會三個以上之發起及全體過半數之同意組織之。

21.助產士公會：分縣（市）助產士公會、省（市）助產士公會及全國助產士公會聯合會三級。依助產士法第三十三條規定：助產士公會之區域，依現有之行政區域，在同一區域內，同級之公會以一個為限。第三十四條規定：直轄市及縣（市）助產士公會由該轄區域內助產士九人以上發起組織之；未滿九人者，得加入鄰近區域之公會或共同組織之。第三十五條規定：省助產士公會之設立，應由該省內縣（市）助產士公會五個以上之發起及全體過半數之同意組織之；其縣（市）公會不滿五單位者，得聯合二個以上之省共同組織之。第三十六條規定：全國助產士公會聯合會應由省（市）助產士公會七個以上之發起及全體過半數之同意組織之。

22.護理人員公會：分縣（市）護理人員公會、省（市）護理人員公會及全國護理人員公會聯合會三級。護理人員公會以行政區域為組織區域；在同一區域內，同級之公會以一個為限。係由領有衛生主管機關發給護理人員登

記及格證明書之護理人員所組成。

23.建築師公會：分省（市）建築師公會及全國建築師公會
聯合會二級。依建築師法第三十條規定：省（市）有登
記開業之建築師達九人以上者，得組織建築師公會，其
不足九人者，得加入鄰近省（市）之建築師公會或共同
組織之。第三十一條規定：建築師公會全國聯合會應由
建築師公會三個單位以上之發起及全體過半數之同意組
織之。第二十八條規定：建築師領得開業證書後，非加
入各該管省（市）建築師公會，不得執行業務；建築師
公會對建築師之申請入會，不得拒絕。在二個省（市）
以上開業之建築師，應分別加入各該管省（市）建築師
公會始得執業。

24.技師公會：包括農業技師、工業技師、礦業技師及電機
技師等，分省（市）技師公會及全國技師公會聯合會二
級。技師法第二十五條規定：技師公會應分科組織，各
冠以科名，必要時得聯合數科組織之。第二十六條規
定：技師公會於省（市）設立之。但重要產業區，經有
關各區域之主管機關會商核准，得單獨組織之。第二十
八條規定：省（市）或區技師公會，以在該區域內執行
業務之技師七人以上發起組織之；不滿七人者，得加入
鄰近之公會。又第二十七條規定：各技師公會得於中央
政府所在地設全國聯合會。第二十九條規定：技師公會
全國聯合會以省（市）或區技師公會三個以上發起組織
之。

25.新聞記者公會：分縣（市）新聞記者公會、省（市）新
聞記者公會及全國新聞記者公會聯合會三級。新聞記者
公會以報社或通訊社設立所在地之行政區域為組織區
域；係由領有行政院新聞局發給新聞記者登記及格證書

執行業務之新聞記者所組成。

26.教師會：分學校教師會、地方教師會及全國教師會三級。學校教師會係指各級學校專任教師所組成的職業團體；地方教師會係指於直轄市、縣（市）區域內以學校教師會爲會員所組成的職業團體；地方教師會須有行政區域內半數以上學校教師會加入，始得設立。全國教師會係指由地方教師會爲會員所組成的職業團體；全國教師會須有半數以上之地方教師會加入，始得設立。

27.社會工作師公會：分直轄市及縣（市）社會工作師公會、省社會工作師公會及全國社會工作師公會聯合會。依社會工作師法第三十條規定：直轄市及縣（市）社會工作師公會，以在該區域工作之社會工作師十五人以上發起組織之；不足十五人者，得加入鄰近區域之公會或共同組織之。第三十一條規定：省社會工作師公會之設立，應由該省內縣（市）社會工作師公會五個以上之發起及全體過半數之同意組織之。第三十二條規定：全國社會工作師公會聯合會應由省或直轄市社會工作師公會三個以上完成組織後，始得發起組織。但經中央主管機關核准者，不在此限。另第二十九條規定：在同一組織區域內，同級之社會工作師公會以一個爲限。

28.心理師公會：心理師分臨床心理師及諮商心理師二種。臨床心理師公會或諮商心理師公會分直轄市、縣（市）公會及全國聯合會二種。在同一組織區域內，同級之公會以一個爲限。

29.職能治療師公會與職能治療生公會：職能治療師或職能治療生執業，應加入所在地職能治療師公會或職能治療生公會。

30.物理治療師公會：分省（市）物理治療師公會及物理治

療師公會全國聯合會二種。在同一組織區域內，同級之公會以一個爲限。

31.**醫事放射師公會**：分直轄市、縣（市）醫事放射師公會及醫事放射師公會全國聯合會。在同一組織區域內，同級之公會以一個爲限。

32.**醫事檢驗師公會**：分直轄市、縣（市）醫事檢驗師公會及醫事檢驗師公會全國聯合會。在同一組織區域內，同級之公會以一個爲限。

33.**營養師公會**：分縣（市）營養師公會、省（市）營養師公會及全國營養師公會聯合會。在同一組織區域內，同級之公會以一個爲限。

34.**地政士公會**：分直轄市、縣（市）地政士公會及地政士公會全國聯合會。在同一組織區域內，同級之公會以一個爲限。

35.**土地登記專業代理人公會**：分直轄市、縣（市）專業代理人公會及專業代理人公會全國聯合會。在同一組織區域內，同級之公會以一個爲限。

## (二)社會團體

1.**協會**：協會是以集合對某項事物具有共同志趣的一群人，基於共同的信念與目標，爲實現某項共同的理想而結合的社會團體。它比較著重於動態的表現，亦即比較傾向於對外之具體行爲與實際運作。

2.**學會或研究會**：學會或研究會是以集合對某項學術研究具有專業素養而志趣相投的一群人，爲追求更高的學理與知識，發揮所學，貢獻智慧，以期達到共同的學術理想而結合的社會團體。它比較著重於靜態的研究，亦即比較傾向於對內之切磋琢磨與著述創作。

3.**協進會**：協進會之組合與協會大同小異，它亦是以集合對某項事物具有共同志趣的一群人，基於共同的信念與目標，互助合作，爲實現某項共同的理想而結合的社會團體。它含有協助、推展、增進與改善之意義。

4.**振興會**：振興會與學會或研究會大同小異，它亦是以集合對某項學術研究具有專業素養而志趣相投的一群人，爲追求更高的學理與知識，發揮所學，貢獻智慧，以期達到共同的學術理想而結合的社會團體。它含有促進、改善、發展、與推動之意義。

5.**婦女會**：婦女會是由居住各區內年滿二十歲或未滿二十歲已婚之熱心服務的婦女所組成的社會團體。婦女會分省（市）婦女會、縣（市）婦女會及鄉（鎮、市、區）婦女會三級。縣（市）婦女會係由鄉、鎮或市、區級婦女會選派代表組成；而省婦女會係由各縣（市）婦女會選派代表組成；直轄市婦女會係由各區級婦女會選派代表組成。

6.**體育會**：體育會是由居住各區內年滿十六歲以上熱心體育者所組成的社會團體。體育會分全國體育協進會、省（市）體育會、縣（市）體育會及鄉（鎮、市、區）體育會四級。縣（市）體育會是由鄉、鎮或市、區體育會選派代表組成；而省體育會係由各縣（市）體育會選派代表組成；直轄市體育會係由各區級體育會選派代表組成。

7.**同鄉會**：同鄉會是由基於共同的地緣關係，年滿二十歲的同鄉所組成的社會團體。同鄉會的組成係以聯絡同鄉情誼，發揮互助精神，並協助政府舉辦公益事業，共謀社會福利爲宗旨。

8.**宗親會**：宗親會是由基於共同的血緣關係，年滿二十歲的宗親所組成的社會團體。宗親會絕大多數均係單一姓氏的結合，而仍有極少數係由多姓氏組合。宗親會係以闡揚祖

德，敦睦宗誼，增進宗族福利，樹立團體互助精神為宗旨。

9.聯誼會：聯誼會係以聯絡感情，發揮互助團結精神，共謀會員福利，增進社會建設為宗旨。聯誼會應以其組織之行政區域為活動範圍，不得設立分、支會組織。

10.校友會或同學會：校友會或同學會成立之宗旨均在聯絡同校之畢業同學與師長之情誼，藉以互勉互勵為宗旨。凡是同校畢業之同學均可申請參加為會員。應以其組織之行政區域為活動範圍，不得設立分、支會組織。

11.扶輪社：扶輪社（Rotary）於一九〇五年創始於美國芝加哥，創立之原始目的乃為結合不同行業的人員增進彼此間的友誼關係。

扶輪社的精神，著重在「聯誼」（friendship）及「服務」（service）。其主要服務內涵包括：(1)社務服務，(2)職業服務，(3)社會服務，(4)國際服務。它的成員有著嚴格的職業限制，即在每一個扶輪社中，依照職業分類表，每一行業中只能有一名正社員，而這一社員並且需在該行業上是事業體的負責人或經營者，也就是在企業經營上負有責任者，如店東、董事長、總經理或經理以上人員，因此扶輪社成員素質較高，均為各行各業的中堅份子。

12.獅子會：獅子會（Lions）於一九一七年創始於美國伊利諾州，創始人是茂文鐘斯先生。其稱為獅子會者，係由英文Lions直譯而來，至於Lions一字係採用Liberty（自由）、Intelligence（智慧）、Our（我們的）、Nation's（國家的）以及Safety（安全）的意思。

獅子會最主要的目標為：「服務社會，造福人群」（We Serve.），依此目標，其創立的宗旨為：

(1)發揚人類博愛互助的精神。

(2)增進國際間的友好關係。

(3)尊重自由，啓發智慧。

(4)提倡社會福利。

(5)促進國家安全。

13.青商會：青年商會（Jaycess）簡稱青商會，是一個世界性的青年人組織，會員年齡限制是十八歲到四十歲，不論國籍，不論種族，不論宗教信仰。最初以聯合青年人為地方服務，做一個良好的公民為目的，組成青年勵進會，熱誠推展各種社會服務活動，吸引了許多有志的青年，發展迅速：一九一九年改名青年商會。

青商會以「訓練自己，服務人群」（Train ourselves, serve others.）為其崇高理想，因此特別重視會員的自我訓練。

青商會的宗旨是：「發展青年之才智並結合有志青年的力量，以促進人類生活，社會經濟及精神文明之發展。」

14.同濟會：同濟會（Kiwanis）於一九一五年創始於美國底特律，創始人是康樂利先生。其成立之宗旨在於提倡人類精神生活，改善人與人之關係，提高社會、商業及一切專業性工作水準，增進人民之勤奮、進取之服務心，提供熱忱之服務，以建立眞誠之友誼及更好之社會，發揮正確之社會輿論與理想，以發揚正義感、愛國心及善良本性。

15.聯青社：聯青社（Y's Men's Club）於一九二二年創始於瑞士日內瓦，創始人是約瑟芬，安德生先生。其成立之宗旨在於聯合各種宗教信仰人士，互尊互愛，促進友誼，發揮耶穌基督精神，鼓勵及培養領導人才，建立人類美好社會，並以「行其義毋計其利，享其權須致其功」為信條。

16.崇他社：崇他社是純由女性所組織而成的國際婦女團體，西元一九一九年十一月八日在美國紐約州水牛城成立。其成立宗旨為：(1)提高各行業之道德標準，(2)提高婦女法律上、政治上、經濟上及職業上地位，(3)在服務宗旨的團結下，由各行業之婦女領袖之世界友誼，積極促進相互瞭解、親善及世界和平。崇他社係依據國際崇他社社章及政府機關人民團體法規所組成，其社員分普通社員、資深社員及榮譽社員三種。

17.職業婦女協會：職業婦女協會是由年滿二十歲，對經營事業有信譽者，或具有專業技術、學識或能力者所組成的國際婦女團體。其組織係依國際事業及專業婦女聯合會憲章之規定，而其成立之宗旨為：(1)提高婦女對事業及專業之興趣，並促進其團結，(2)鼓勵婦女接受職業訓練，並繼續進修，進而發揮其心情及才智以利人利己，俾提高專業服務之水準，(3)促進世界各國事業及專業婦女之友誼與瞭解，(4)喚醒並激勵現代婦女對其本國經濟及社會發展與國際事務所應負之責任感。

18.紅十字會：紅十字會是一國際性組織。依中華民國紅十字會法規定，中華民國紅十字會在全國設總會，在省（市）設分會，在縣（市）設支會。第四條規定，中華民國紅十字會輔佐政府辦理下列事項：(1)關於戰時傷兵之救護及戰俘、平民之救濟，(2)關於國內外災變之救護與賑濟，(3)關於預防疾病、增進健康及減免災難之服務，(4)合於第一條規定之其他事項。第一條規定，中華民國紅十字會，依照政府簽訂之國際紅十字公約，並基於國際紅十字會議所決議各項原則之精神，以發展博愛服務事業為宗旨。中華民國紅十字會為法人。

# 參、結語

　　人民團體不論其係基於何種關係或需要而組成，每個團體必定均有其組織的宗旨，成立的目標，以及既定的任務；團體的成立貴在其能不斷地有活動；不活動，便無組織團體的必要；無活動，團體亦無存在的價值；人民團體主管機關對各團體的期盼是：(1)依照法令規定，致力推行會務，(2)貫徹章程宗旨，積極推展業務，(3)建立會計制度，依法處理財務，(4)推行會議規範，培養民主風範，(5)加強會員服務，激勵團體士氣，(6)強化領導階層，發揮領導功能，(7)愼選工作人員，提高服務品質；冀使各團體均能對內健全團體組織，激發成員的向心力與參與感，產生堅強的凝聚作用；對外強化團體功能，參與社會革新建設，協助政府推行政令，發生服務的輻射功能。

# 第三章

## 人民團體申請組織的程序

# 壹、引言

人民團體不論是基於職緣、趣緣、血緣、地緣、誼緣的關係，或為達成某種特定的目的而有組織團體之必要者，依照人民團體法及其他有關法令之規定，得准依法申請組織人民團體。

依據人民團體法規定，人民團體概分為三大類：(1)職業團體：包括工商團體、自由職業團體、工人團體、農民團體、漁民團體，(2)社會團體；包括學術文化、醫藥衛生、公益、慈善、服務、國際、宗教、婦女、體育等團體及同鄉會、宗親會、聯誼會、校友會、同學會等，(3)政治團體：包括政黨等。其中職業團體與社會團體的申請組織係採「許可立案制」；而政治團體，如屬政黨，其申請組織係採「登記備案制」，非政黨之政治團體亦採「許可立案制」。

# 貳、申請組織的程序

人民團體不論其為職業團體或社會團體（政黨申請組織另有規定），其辦理申請組織的程序，一般概分為四個重要階段；一為發起組織，二為籌備組織，三為正式成立，四為辦理立案。茲以全國性社會團體為例，將其申請組織的程序分述如后：

(一)發起組織

人民團體之組織應由發起人檢具：申請書、章程草案及發

起人名冊，向主管機關申請許可，經許可後，主管機關應即派員指導（註一）。其程序為：

1.籌組團體首須瞭解該區域內具有會員資格的人數，並徵求法定數額以上具有會員資格者為發起人，除法令另有規定外，須年滿二十歲，並應有三十人以上，且無下列情事者為限：

(1)因犯罪經判處有期徒刑以上之刑確定，尚未執行或執行未畢者；但受緩刑宣告者，不在此限。

(2)受保安處分或感訓處分之裁判確定，尚未執行或執行未畢者。

(3)受破產之宣告，尚未復權者。

(4)受禁治產之宣告，尚未撤銷者。

2.向當地主管機關申請組織。人民團體的主管機關在中央及省為內政部，在直轄市為直轄市政府，在縣（市）為縣（市）政府（註二）。

3.主管機關接獲申請後，即由承辦單位審核有關申請表件，研析其組織宗旨是否正確，組織條件是否健全，及有無許可組織之必要。符合規定者再簽會有關目的事業主管機關表示意見，不合規定者，即行核覆不准籌組。

4.經主管機關簽會有關目的事業主管機關表示贊成意見者，即依規定通知其許可組織，進行各項籌備事宜。

## (二)籌備組織

人民團體經許可組織後，其發起人應即申請召開發起人會議，推選籌備委員組織籌備會，積極進行籌備工作，並應按次將各種會議紀錄函報主管機關備案（註三）。又人民團體於召開成立大會前應將籌備經過，連同章程草案及會員名冊依規定向

主管機關申請開會，並請派員指導（註四）。分析言之爲：

1.成立籌備會：

   (1)奉准籌組後召開發起人會議（由發起人自行召集，向主管機關申請開會）。

   (2)推舉籌備委員若干人，並由籌備委員互推一人爲召集人，負責辦理籌備工作，並應於奉准籌組六個月內籌備完竣（註五）。

   (3)將籌備會成立日期、地點連同發起人會議紀錄，籌備委員名冊（格式同發起人名冊）二份於會議後十五日內函報主管機關備查。

2.籌備工作（每次會議均應報請指導員列席指導）：

   (1)擬訂章程草案、工作計畫及經費預算。人民團體之章程應載明：①名稱，②宗旨，③組織區域，④會址，⑤任務，⑥組織，⑦會員入會、出會與除名，⑧會員之權利與義務，⑨會員代表及理事、監事之名額、職權、任期及選任與解任，⑩會議，⑪經費及會計，⑫章程修改之程序，⑬其他依法令規定應載明之事項（註六）。以上各項由籌備會研商擬訂之章程草案應提請成立大會（會員大會）討論通後，報請主管機關核備。

   (2)徵求會員並審查資格。徵求會員應採公開方式，登記期間由籌備會視實際情形在法定籌組期間內議定實施，但不宜過短；所有申請入會之會員，應依規定辦理手續，並由籌備會依據法令規定詳加審查，經審查確定者通知其繳納入會費後，填造會員名冊，並報請主管機關備查。

   (3)決定理監事的選舉方式。理、監事是人民團體的領導幹部，其人選之抉擇是否得當，關係整個團體的健全

發展與否，因此對於理、監事的協調安排及產生方式至為重要。

(4)準備召開成立大會。籌備工作就緒後，籌備會應即定期召開成立大會——會員（會員代表）大會，由籌備會於會議十五日前將開會時間、地點連同議程以書面通知全體會員，另外連同章程草案及會員名冊向主管機關申請召開大會，並請派員列席指導（註七）。

## (三)正式成立

即召開成立大會；通過章程、工作計畫、經費預算及選舉理、監事。召開成立大會時，籌備會應準備或辦理的事項為：

1. 準備大會資料。包括大會手冊、會員（會員代表）名冊、議程、工作計畫、經費預算、討論提案、選票、簽到簿等。
2. 籌備會召集人應向大會報告籌備經過。
3. 發起及籌備時之費用於成立大會時應提報追認。
4. 有關章程、工作計畫及經費預算等均應提大會通過。
5. 選舉理、監事。
6. 籌備會應於理、監事就任後將各項簿冊、文卷、單據、書表、印戳器具、剩餘金等列冊移交理事會。

## (四)辦理立案

人民團體應於成立大會後三十日內，檢具章程、會員名冊、選任職員簡歷冊報請主管機關核准立案，並發給立案證書及圖記（註八）。

人民團體經主管機關核准立案後，得依法向該管地方法院辦理法人登記，並於完成法人登記後三十日內，將登記證書影

本送主管機關查備（註九）。

　　為使一般民眾對於人民團體的組織程序更易瞭解，茲列簡表說明（見圖3-1）：

圖3-1　人民團體申請組織程序圖解

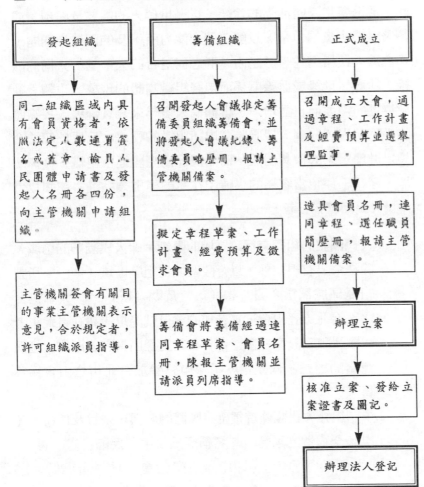

# 參、結語
## ——申請組織人民團體應有的認識

　　國家愈現代化，分工愈精細，人民的社會依賴性愈高；因此，透過參加團體活動的途徑，以滿足個人的需要及興趣；或藉著團體組織的力量，以解決個人能力所不及的困難及問題，乃愈為人民所嚮往。於是由一群志同道合的人，基於共同的職緣、趣緣、地緣或血緣關係而申請組織團體的現象，也隨著社會變遷的需要而日益增多。根據個人多年來負責輔導人民團體的經驗所得，一個人民團體其申請組織的程序，只要依照法令規定辦理，未必極其困難；而如何促使團體健全組織，發揮功能，實非一件相當容易的事情；在此願提出幾點基本認知以供申請人民團體者參考。

1.人民團體的組織有行政區域的限制：即人民團體的區域，除法令另有規定外，以行政區域為組織區域（註十）。所謂組織區域係指全國、省（市）及縣（市）……，舉例言之，台北市登山會，其參加的會員就應以設籍在台北市者為限；張三設籍在基隆市，雖其對登山具有濃厚的興趣與豐富的經驗，依規定就不得申請參加台北市登山會為會員。

2.申請組織人民團體首須確定團體的名稱、宗旨及任務：凡申請全國性的團體，其名稱應為「中華民國○○○會」、「中國○○○會」、「中華○○○會」或「台灣○○○會」，省（市）級的，應為「台灣省○○○會」或「台北市○○○會」……依此類推。尤其組織的宗旨及目標必須正確，團體的任務不可與其他團體相重疊，更不可相衝

突。

3.**徵求會員必須愼重**：團體的健全發展與否，端賴組成份子
心理連繫的強弱，必須組成份子以參加團體爲榮，而具有
強烈的參與感與向心力，共同關心會務，團體才有發展的
動力；因此，徵求會員首先必須考慮幾個基本的要件：動
機純正、觀念正確、志同道合、熱心參與。

4.**要愼選領導幹部**：領導幹部是指團體經選舉產生的理、監
事、常務理、監事及理事長（或稱會長、社長）等。領導
幹部負責釐訂團體目標與政策，領導團體活動的展開及謀
求各項工作的推進；因此，領導幹部若非具有責任心與使
命感，且肯犧牲奉獻，積極參與，發揮領導功能；則團體
的會務必定停滯不前，業務也定難以推展；如此，必使團
體呈現眞空現象。

5.**要考慮經費的來源**：一個團體應該有固定的經費來源，以
維持久遠的存在；一般言之，人民團體的經費來源不外入
會費、常年會費、事業費、會員捐款、委託收益、基金及
其孳息、其他收入（包括政府補助或團體捐助等）。團體
各項活動的推展，端賴充裕的經費爲其後盾，否則，團體
必形同虛設，有名而無實。

最後更需提及的是：「結社」固然是憲法賦予人民的基本
自由，但大家應該深切體認當前我們國家的處境，個人自由固
然必須尊重，但國家安全更須顧及；當國家安全失去維護時，
個人自由必缺乏保障；因此，申請組織人民團體必須受有關法
令規定的限制，並須接受主管機關的輔導，因爲人民團體不論
對個人、社會、國家、甚至全人類均具有深遠而肯定的影響。

人　民　團　體　經　營　管　理

## 註　釋

註一：人民團體法第八條。

註二：人民團體法第三條。

註三：人民團體法第九條。

註四：同前註。

註五：人民團體法第五十五條。

註六：人民團體法第十二條。

註七：督導各級人民團體實施辦法第五條。

註八：人民團體法第十條。

註九：人民團體法第十一條。

註十：人民團體法第五條。

## 附件一　社會團體申請書格式

社會團體申請書

21公分

| 受文者 | 申請組織團體名稱 | 申請團體之緣由（含名稱文字釋義） | 財產目錄 | 附件 | 發起人代表（一人） |
|---|---|---|---|---|---|
| | | | 經費來源項目 | 一、申請書一式四份<br>二、章程草案一式四份<br>三、發起人名冊一式四份<br>四、其他依規定之必要文件一式四份 | ：姓名或名稱：<br>聯絡地址：<br>聯絡電話： |
| 年　月　日 | | | 成立大會時預定會員（會員代表）數 | | （蓋章） |

填表說明：

一、「受文者」欄填寫主管機關名稱。

二、「申請組織團體名稱」欄載明團體之全稱。

三、列有財產目錄（含動產、不動產）者，另附證明文件，所謂證明文件，指社會團體獲准設立時即將該財產移轉其所有之承諾書或其他證明文件。

四、申請分級組織之下級團體者，另附上級團體總會之章程、同意書及主管機關核備該章程之證明文件。

五、申請第1類國際團體者，另附國際總會之章程、簡介、立案證明書（含立案機關、日期、文號及團體性質），及該國際總會同意其成立之證明書（證明書應經我駐外單位驗證或當地法院公證）中外文本。（詳細情形洽內政部社會司）

六、申請第2類國際團體者，另附該國民間團體同意成立對等團體之承諾書（該承諾書應經我駐外單位驗證）中外文本。（詳細情形洽內政部社會司）

七、申請團體名稱、宗旨、任務涉及宗教者，另附下列文件：

1.教義及經典。

2.教主及其生平事略。

3.宗教儀規。

4.傳教沿革

八、申請同學校友會者，另附該學校同意書。但有特殊原因者，得免附。

九、申請書由發起人自行依格式印製使用，各欄空格如不足時，可另紙書寫。

附件二　社會團體發起人名冊格式

格式一　個人名冊格式

（團體名稱）發起人名冊　　21公分

| | | |
|---|---|---|
| | | 姓　　　　名 |
| | | 性　　　　別 |
| | | 出　生　年　月　日 |
| 省（市）縣（市） | 省（市）縣（市） | 出　　生　　地 |
| | | 學　　歷（學校科系所） |
| | | 簡　　歷 |
| | | 身分證統一編號 |
| 省（市）　縣（市）鄉鎮市區　村里街路　段　巷　鄰號　弄樓之 | 省（市）　縣（市）鄉鎮市區　村里街路　段　巷　鄰號　弄樓之 | 地址（以戶籍登記為準） |
| | | 電　　　　話 |
| | | 簽　名　或　蓋　章 |

格式二　團體名冊格式

（團體名稱）發起人名冊

| | | |
|---|---|---|
| | | 團　體　名　稱 |
| | | 立　案　機　關 及　證　照　字　號 |
| | | 負　責　人　姓　名 |
| | | 團　體　地　址 （以所在地為準） |
| | | 電　　　　話 |
| | | 職　　　稱 |
| | | 姓　　　名 |
| | | 性　　　別 |
| | | 出 生 年 月 日 |
| | | 地址（以戶 籍登記為準） |
| | | 團體蓋章及負責人 簽名或蓋章 |

推（選）派代表

21公分

填表說明：

一、發起人名冊之填寫，發起人爲個人者，填個人名冊，爲團體者，填團體名冊，發起人名冊均一式四份，除一份原本由發起人親自簽章外，其他三份得以影印本代之。

二、發起人（以團體爲發起人者，其代表）須年滿二十歲，並應有三十人以上，且無左列情事者爲限：

　　1因犯罪經判處有期徒刑以上之刑確定，尚未執行或執行未畢者；但受緩刑宣告者，不在此限。

　　2受保安處分或感訓處分之裁判確定，尚未執行或執行未畢者。

　　3受破產之宣告，尚未復權者。

　　4受禁治產之宣告，尚未撤銷者。

　　發起人應於發起人名冊親自簽章並視爲具結無前項消極資格情事，自負法律責任。

二、發起人應設籍於組織區域內，發起人如爲個人，應附具戶籍之證明資料一份（例如身分證影本，外僑居留證影本等），如爲團體，應附具合法立案證明一份（例如立案證書影本、公司執照影本等）。

四、申請團體名稱涉及專門學術者，發起人應檢附具有專門學術之資格證明（如申請專科醫學會應附醫師證明）。

五、申請全國性團體，發起人之戶籍（以團體爲發起人者，其代表之戶籍）應分布於三省（市）以上（含台灣省），其中省內發起人之戶籍應分布於過半數之縣（市）；世界同鄉總會發起人除省市同鄉團體外，另應有分布世界三大洲以上之華僑同鄉團體列入；世界宗親總會發起人除國內宗親會外，另應有分布世界三大洲以上之華僑宗親團體列入；申請省級團體，發起人之戶籍應分布於過半數之縣（市）；其他各級團體發起人之戶籍分布參照省級團體之方式辦理。但如情形特殊，發起人之戶籍分布確無法依前述規定辦理，經主管機關查明屬實者，得准予酌情減列。

六、發起人名冊由發起人自行依格式印製使用。

# 第四章

## 人民團體召開會議的技巧

# 壹、引言

　　凡三人以上循一定的規則，研究事理，達成決議，解決問題，以收群策群力者，謂之會議（註一）。人民團體是由許多為滿足共同需要或解決共同問題，依法結合的社會組織。為加強組織基礎、推展會務活動，人民團體的一切決議均須透過會議方式，共同研討，以最公平、迅速的方法，取決於多數人意見，而收集思廣益，共謀發展之效。依據有關法令規定，人民團體的會議主要包括會員（會員代表）大會，理事會議及監事會議；而為適應實際需要，人民團體除應按時召開以上法定會議外，必要時亦得召開理監事聯席會議、常務理事會議、或各種專業性或專案性的委員會議。本文就實際工作體驗，以如何召開會員（會員代表）大會為例，分別從會前準備、會議進行、會後處理三方面提出召開會議之應用技巧，以供辦理或輔導人民團體者參考。

　　會員（會員代表）大會是人民團體的最高權力機構，除法令另有規定外，每年至少應該召開一次，但臨時大會不受此限。會員（會員代表）大會的職權為：審議預算、決算、通過工作計畫、通過或修改組織章程、改選理、監事、討論重大議案、處分會員、處分財產、及選任清算人與決議清算等有關事項。大會之成功與否，不僅反映組織之健全或鬆弛，更影響全體會員對團體的向心與信賴。因此，人民團體召開會議，必須竭盡所能，周密規劃，只許成功，不許失敗。

人民團體經營管理

# 貳、會前準備

## 一、召開籌備會議

### (一)籌備會議的重要性

凡事豫則立，不豫則廢，要想開好會員（會員代表）大會，事先要有周詳而妥善的計畫與步驟，適當而有效的分工與合作，然後逐一實施，才不致掛一漏萬，手忙腳亂，漫無頭緒，毫無效果。會員（會員代表）大會之前應該召開籌備會議（實際上就是理監事聯席會議），以共同商討決定大會應該準備的有關事項。一般言之，籌備會議宜在會員（會員代表）大會前三個月召開，俾得較為充分的準備時間，可資利用；參加人員除全體理監事外，重要會務工作人員亦均應參加，以便提供有關意見。如籌備事項較多，不妨先後多召集幾次，以資周詳，並獲預檢效果。

### (二)籌備會議應行決定事項

1.大會時間：可依各團體實際情況訂定，但以多數會員（會員代表）均能出席的時間為宜。

2.大會地點：可依各團體人數、經費狀況而定，但地點要適中方便，盡量選擇環境雅靜，空氣流通之處，惟須兼顧經濟原則。

3.分工設職：為應實際需要，大會可分下列各組：

(1)秘書組：負責辦理文書、編訂工作計畫及預算決算與

工作報告、編印大會手冊或大會特刊、繕製大會會場宣傳標語及新聞發布等事宜（並應設組長一人與副組長、組員若干人）。

(2)議事組：負責辦理擬訂議程、大會議案的收集、處理、審查、紀錄及編訂大會時間分配表等事宜（並應設組長一人與副組長、組員若干人）。

(3)接待組：負責辦理報到、分發資料、紀念品、接待貴賓及大會秩序維持等事宜（並應設組長一人與副組長、組員若干人）。

(4)選務組：負責辦理印製選票、換票證及準備開票所需用品等一切選務工作等事宜（並應設組長一人與副組長、組員若干人，如無選舉，本組可免）。

(5)總務組：負責辦理租借開會場所、會場布置、辦理訂製紀念品與摸彩獎品、聚餐、晚會、會計、出納及其他有關庶務性等事宜（並應設組長一人與副組長、組員若干人）。

4.編訂大會經費預算：會員（會員代表）大會應依年度預算所列金額，根據實際需要，本節約原則，適當分配，編訂大會經費預算；如不敷開支，可以其他方式彌補，如請理監事贊助，或利用編印大會手冊與特刊招請較大事業單位刊登廣告。

5.審查會員（會員代表）資格：人民團體召開會員（會員代表）大會，應由理事會在召開會議十五日前依據法令規定確實審查會員（會員代表）資格，通過後依照規定造具名冊報請主管機關備查（註二），作為大會應出席人數及選舉權與被選舉權之依據。

6.決定理監事候選人產生方式：會員（會員代表）大會如有選舉，須於上次大會提經會議（未正式成立之人民團體為

籌備會議）決議，決定理監事候選人產生方式；一般言之，理監事候選人可由下列方式產生：

(1)自由競選。

(2)通知會員（會員代表）自由登記（登記截止時間以大會前二星期爲宜），並提理監事聯席會議審查通過。

(3)徵求一般會員意見，用推薦方式。

(4)由理監事會提名。

(5)由理監事協調有關方面融合產生。

7.決定大會程序：一般人民團體召開會員（會員代表）大會，其大會程序爲：

(1)大會開始。

(2)全體肅立。

(3)主席（或主席團）就位。

(4)唱國歌。

(5)向國旗既 國父遺像行三鞠躬禮。

(6)頒獎（如無可免列）。

(7)主席致詞。

(8)主管機關代表致詞。

(9)來賓致詞。

(10)理事會工作報告。

(11)監事會監察報告。

(12)討論提案（應將年度工作計畫、經費收支預算、決算等列入討論）。

(13)臨時動議。

(14)選舉（如無可免列）。

(15)散會。

(三)籌備會議後應行作業事項

1.向主管機關申請備查：人民團體召開會員（會員代表）大
會須於會議前十五日將會議種類、時間、地點、連同議
程，報請主管機關及目的事業主管機關備查（註三）。

2.印發會員開會通知及議程：依據法令規定，人民團體召開
會員（會員代表）大會應於十五日前由各該人民團體將會
議種類、時間、地點、連同議程，以書面通知各應出席會
議人員（註四）。如有選舉，開會通知最好以掛號函件郵
寄，以免失落而引起糾紛。通知並應註明如本人不能親自
出席會議者，可否委託其他會員（會員代表）出席，如可
委託出席應填委託書。

3.通知會員提供大會提案：入會籌備期間，籌備會應通知會
員（會員代表）如有提案可於限期內提出，惟提案之蒐
集，應給予會員充分時間，俾便準備資料；提案內容必須
有建設性、創意性，且與會員共同利益有關者。每一提案
應分案由、說明、辦法三項填寫，文詞力求簡明扼要（提
案格式宜由團體統一提供，以求一致）。所有提案須提經
議事組審查後，始得列入大會議程，如不必要提大會討論
者，應即答覆原提案人，並說明原因，以免誤會。

# 二、布置會場

## (一)會場之選定

會員（會員代表）大會應依會員多寡選擇大小適宜的會
場，會場不宜過小，以免擁擠；但亦不宜過大，避免冷淡空
虛。

## (二)會場之布置

會場布置應以莊嚴隆重、和諧協調為原則，且須懸掛 國父遺像、國旗，並設置主席台。

## (三)座位之安排

出席、列席座位應預先妥善編排，最好能對號入座。

## (四)報到及投票處所之設置

報到及簽名處均應預先設置，如有選舉，則須設置適當的投票處所。

# 三、遴選司儀

大會司儀就好像軍隊的總指揮，節目的主持人，他可使大會進行的很輕鬆、愉快、緊湊而有條理；相反地亦可能會使大會弄得很呆板、乏味、浪費時間且漫無頭緒；因此，大會之前對於司儀人員的遴選至為重要。一般言之，大會司儀宜遴選聲音宏亮、儀表端莊、口齒清晰、見識豐富、熟習議事規則及富有機警應變能力者擔任。在大會進行過程中，司儀應與主席密切配合。

# 參、會議進行

## 一、辦理報到

### (一)決定是否分組報到

大會是否須分組報到，應依開會人數多寡而定，如大會應出席人數在一百人以上最好能分組報到，以免擁擠而耽誤時間。

### (二)親自出席與委託出席之處理

會員（會員代表）親自出席與委託出席應分開辦理報到。會員（會員代表）大會可委託出席，但一人僅能受一會員（會員代表）之委託。在職業團體，其委託出席人數除法律另有規定外，不得超過親自人數之三分之一（註五）。

### (三)出示身分證明

報到應出示會員（會員代表）身分證明文件（註六），以免冒名頂替，影響大會法定人數，並牽涉其他有關糾紛。

### (四)報到時間

報到時間，如有選舉應至選舉開始發票時截止。

## 二、舉行預備會議

### (一)推選主席或主席團

會議之主席除該會議另有規定外，應由出席人於會議開始時推選，如有必要，並得推選副主席一人或數人（註七）。一般人民團體召開會員（會員代表）大會，理事長常爲當然主席，因其對會務狀況熟悉，主持會議駕輕就熟；不過如有特殊狀況，亦可推選主席團。但如會議屬於會員代表大會，主席團必須由具有代表資格中產生。

### (二)通過議程與議事規則

大會議程與議事規則均由議事組預先擬妥草案，如無修正，即予通過。

### (三)推舉選務工作人員

如有選舉，最好由大會預先推舉發票、記票、唱票、監票等工作人員若干人，必要時得由主席提供適當人選，作大會討論之參考（不過一般均於選舉前推選選務工作人員較多）。

### (四)推定代書人

如有選舉，得依實際需要由大會推定代書若干人，依選舉之意旨，代爲圈寫選票（註八）。

### (五)提報關於大會應行注意事項

爲使大會順利進行，必有一些關於大會應行注意事項，務須出席會議人員共同合作遵守。

## 三、宣布開會

### (一)報告出席人數

　　憑簽到簿清點人數，由主席（或秘書組）向大會報告出席人數。

### (二)開會額數

　　人民團體召開會員（會員代表）大會，應有會員（會員代表）過半數之出席，始得開會（註九）。惟一般會議之開會額數，爲出席人超過應到人數之半數；所謂應到人數，以全體總數減除因公、因病人數計算之（註十）；人民團體召開會員（會員代表）大會可委託出席，其應出席人數之半數，以親自出席與委託出席人數合併計算之。

## 四、怎樣當主席

### (一)主席應怎樣主持會議

　　1.主席是會議的領導人，也是會場的公僕。
　　2.主席不必滿足每一會員的要求，但必須適合大多數會員的
　　　意向。
　　3.主席不應多說話，應讓會員多說話。
　　4.主席立場要公正超然，並能作適當之應變。
　　5.主席應求能使會員發表意見，但無須表示自己的見解。
　　6.主席應注意傾聽會眾發言，俾能對會員的發言，適做結
　　　論。

7.會中決議雖大多是依表決方法獲得，但最好能設法藉討論達成決議，並使表決次數盡量減少。

8.適時制止會中不合議事規則的動議及辯論，但必須以委婉方式出之。

9.保持會議進行活潑順利，設法促使會場氣氛和諧融洽。

10.堅定處理問題，避免猶豫不決，但本身避免參加辯論。

11.使討論不離題太遠，但方法要靈活，以免激怒會員。

12.要熟悉會議規範，確實控制時間。

## (二)主席的職責

1.應檢查人數，按預定時間，宣布開會，依照議事程序，向大會宣布會議進行事項；並應注意「不顯的定額」的處理。

2.承認會員發言地位暨指定發言程序。

3.應接述動議，可要求動議者，將動議謄諸翰墨或請其再言，倘動議者有辭不達意之時，可為之修飾其辭，但不能稍變其意。

4.應隨時注意會員發言時間，發言不得逾越議題範圍之外。

5.應答覆一切有關會議的詢問，決定疑問或問題的先後次序，如權宜問題與秩序問題。

6.當大會對於議案終止討論，進入表決階段時，應先將議案題目全文向大會重述一番，然後交付表決。

7.大會表決時，應先問贊成者舉手或起立，次問反對者舉手或起立，然後將正反兩方票數及表決結果，向大會明白宣布。

8.為維持會場秩序，保障大會權利；認為有蓄意搗亂，或有阻撓議事進行的動議，應拒絕其提出。

9.如遇特殊事故，例如暴動、火災等事項，時間上不容許經

過動議和表決的程序，可權宜宣布散會，並同時宣布下次
會議時間和地點。

10.簽署會議紀錄及有關會議之文件。

### (三)主席應避免的事

1.不能在主席位上，發表關於動議的意見。

2.不應過促將動議呈眾表決，而不假以討論的時間。

3.不可隨便打消動議，在堅持必須附議的團體，其動議未得
附議者，寧自行附議，而不願任其打消。

4.以不參與表決為原則，惟可加入少數方面以成同數，打消
動議；也可以加入相等之任何一方，以決勝負；或主席於
議案叮決，有特別規定之額數者，如相差一票，即達規定
額數時，得參加一票，使其通過，或不參加使其否決。例
如：某一議案，出席人數為三十人，依特別規定，須有三
分之二人數通過即為二十人，經表決贊成者十九人，主席
如參加一票，即為通過，如不參加，即為否決，但除此而
外，不參加投票。

5.避免指呼會員姓名，使之發言。

## 五、怎樣發言

### (一)發言地位的取得

參加會議的出席人如欲準備發言，首須請求發言地位，經
主席認可後，始得發言。一般言之，發言地位的取得，可採取
下列二種方式：

1.舉手並稱呼主席請求發言。

2.以書面請求遞交主席，並註明姓名或議席號數。但有關：
(1)權宜問題，(2)秩序問題，(3)會議詢問，(4)申訴動議等
無需取得發言地位，並得間斷他人發言（註十一）。

## (二)發言性質的聲明

會議出席人取得發言地位後，首須聲明其發言的性質（註十二），亦即對在場的問題究竟表示贊成，或表示反對，或表示修正意見，或表示有其他有關動議，均應明確聲明，俾資討論。

## (三)發言的先後次序

在會議進行當中，如有二人以上同時請求發言者，主席必須指定其發言的先後順序。一般言之，主席指定發言次序時，得參酌下列情形而考慮讓其優先發言，以期對討論之議案有所助益，並可力求發言機會之均衡（註十三）。

1.原提案人有所補充或解釋者。
2.就討論的議案發言最少，或尚未發言者。
3.距離主席較遠者。

## (四)發言的禮貌

發言必須要有禮貌，尤忌表現粗魯行為；凡對討論議案務必就題論事，除以對人為主體的議案外不涉及私事，更不應該人身攻擊（註十四）；如果言論超出議題範圍，或有失禮貌時，主席應予制止，或中止其發言；如主席不為所應為，或有所疏忽，其他會議出席人亦得請求主席為之。

## (五)發言的限制

1.在會議當中，取得發言地位後，對於發言之內容務必力求

簡明扼要，避免冗長且無重點，以免浪費時間，以致影響與會人員情緒，或造成會場秩序之紊亂。一般言之，對於同一議案，每人發言以不超過二次，每次以不超過五分鐘爲宜（註十五），但如果所有出席人均已輪流發言完畢，或另有其他規定者，可不受此限制。

2.對於提案之說明、質疑之應答、事實資料之補充及工作或重要事項之報告，可經主席之認可，而不受發言次數與時間之限制。

3.出席人如需延長發言時間或增加發言次數，應請求主席許可後始得爲之，必要時主席應徵詢會眾有無異議，如有異議，應付之表決。

## 六、怎樣處理動議

### (一)動議的意義

「動議爲對事體處分之提案」，即爲出席會議的人提出一個問題或意見，請求會議予以討論或採納的意思。凡動議以書面爲之者，稱爲提案（註十六）。

### (二)動議的種類

1.主動議：一動議不附屬於任何動議而能獨立存在者屬之。其種類如左：

　(1)一般主動議：凡是提出新事件於議場經附議成立，由主席宣付討論及表決者屬之。

　(2)特別主動議：一動議非實質問題而有獨立存在之性質者屬之。此類動議包括：①復議動議，②取消動議，③抽出動議及④預定議程動議四種。

2.附屬動議：一動議附屬於他動議，而以改變其內容或處理方式爲目的者屬之。此類動議包括：(1)散會動議（休息動議），(2)擱置動議，(3)停止討論動議，(4)延期討論動議，(5)付委動議，(6)修正動議，及(7)無期延期動議七種。

附屬動議優先於主動議，而附屬動議本身之優先順序如上所述爲散、擱、停、延、付、修、無；附屬動議如有順序較低之附屬動議待決時，得另提出順序較高之附屬動議；但有順序較高之附屬動議待決時，不得提出順序較低之附屬動議。

3.偶發動議：議事進行中偶而發生的問題，得提出偶發動議。此類動議包括：(1)權宜問題，(2)秩序問題，(3)會議詢問，(4)收回動議，(5)分開動議，(6)申訴動議，(7)變更議程動議，(8)暫時停止實施議事規則一部之動議，(9)討論方式動議，及(10)表決方式動議十種。

## (三)動議的提出

1.主動議：凡主動議得於無其他動議或事件在場時提出。一主動議在場待決時不得再提另一主動議，如經提出，即爲不合秩序，主席應不予接述。

2.附屬動議：凡附屬動議得於其有關動議進行討論中提出，並優先於其所附屬之動議提付討論或表決。

3.偶發動議：凡偶發動議得視各該動議之性質於有關動議或事件在場時提出。

上述各類動議，除權宜問題、秩序問題、會議詢問及申訴動議外，在議場如有下列二種情形，則不得提出動議：(1)有他人取得發言地位時，(2)有表決或選舉時。

## (四)動議的附議

動議必須有一人以上附議，始得成立（註十七）。主席對附議得自爲附議。但有關：(1)權宜問題，(2)秩序問題，(3)會議詢問，(4)收回動議等事項不需附議。

## (五)動議的收回

1. 動議未經附議前得由動議人收回之。但動議經附議後，非經附議人同意不得收回。
2. 動議經主席接述後，原動議人如欲收回，須經主席徵詢無異議後行之，如有異議，由主席逕付表決決定。
3. 動議經修正者，不得收回。

## (六)提案的撤回

提案在未經主席宣布討論前，得由提案人徵求附屬人同意後撤回之。

1. 提案在主席宣布討論後，原提案人如欲撤回，除須徵求附屬人同意外，並須由主席徵詢全體無異議後，始能撤回。
2. 提案經修正者，不得撤回。

# 七、怎樣表決

## (一)表決之額數

表決之額數計有三種：(1)比較多數，(2)超過半數，(3)絕對多數，即三分之二、四分之三或五分之四。

## (二)兩面俱呈

表決必須「兩面俱呈」。即表決應就贊成與反對兩面俱呈，並由主席宣布其結果。

## (三)表決之方式

表決方式可採舉手表決、起立表決、正反兩方分立表決、唱名表決及投票表決五種（註十八）；但一般以舉手表決與投票表決最爲適用。凡投票表決除對人採無記名外，對事之表決應記名投票，以示負責。

## (四)無異議認可之效力

無異議之認可效力與表決通過同。凡下列事項得由主席徵詢全體出席人意見，如無異議，即爲認可；如有異議，仍應提付討論及表決（註十九）。蓋無異議認可之事項計有：

1.宣讀會議程序。
2.宣讀前次會議紀錄。
3.依照預定時間宣布散會或休息。
4.例行之報告。

## (五)可決與否決

1.表決除會議規範及各種會議另有規定外，以參加表決之多數爲可決；可否同數時，如主席不參與表決，視爲否決（註二十）；惟主席得加入可方，使其通過（註二十一）。
2.對於議案之表決，可否相差一票時，主席得參加少數方面，使成同數以否決之（註二十二）。
3.對於議案之可決，有特別規定之額數者，如差一票即達規

定額數時，主席得參加一票使其通過，或不參加使其否決（註二十三）。

## (六)重行表決

重行表決以一次為限。凡出席人對表決結果發生疑問時，得提出權宜問題，經主席認可，重行表決，但以一次為限（註二十四）。

## (七)表決之優先順序

1.凡動議之先提出者，先討論，先表決。
2.附屬動議之表決在主動議先，偶發動議之表決在附屬動議先。
3.附屬動議本身之表決依其優先等級。
4.修正案之表決先於本題，而第二修正案之表決優於第一修正案（註二十五）。
5.替代案之表決優先於同一級議案之修正案（註二十六）。
6.關於人選、款項、時間、數字等依提出之先後順序依次表決至通過其一為止（註二十七）。

# 肆、會後處理

## (一)會議紀錄的原則

人民團體各種會議紀錄文句要簡鍊，紀事要具體詳實，不失顯明易懂為原則。

### (二)會議紀錄的簽署

人民團體各種會議紀錄應由主席及紀錄分別簽署（註二十八）。

### (三)會議紀錄的效力

人民團體會員（會員代表）大會紀錄應於會後三十日內陳報主管機關備查（註二十九），如召開各種會議未事先報備者，其會議紀錄無效。

### (四)會議紀錄的處理

人民團體各種會議紀錄除應依規定陳報主管機關外，另應即印發全體會員或會員代表，並分送目的事業主管機關及列席單位，如能同時在定期會刊中刊載登出，則必更具績效。

### (五)會議紀錄的保管

人民團體各次會議紀錄及提案資料均應裝訂成冊，妥爲保管。

# 伍、結語

人民團體之運作爲符合民主法治的精神，所有會務與業務活動均須透過各種法定會議之決定，始爲有效。因之，人民團體組織是否健全，會務業務能否順利推展，端賴能否以會議方式結合全體會員（會員代表）之意志力量以爲斷。依據人民團體有關法令之規定，人民團體每年至少應召開會員（會員代表）大會一次（理事會、監事會及其他會議不在此限），藉以商討團

體重要待決事項，並交換意見，溝通觀念，檢討過去，策勵將來；俾發展團體會務業務，健全團體組織；以加強發揮團體組織功能，而有助於社會、國家之建設；故人民團體如何開好各種會議，尤其是會員（會員代表）大會，乃為人民團體領導幹部及重要工作人員所應致力研究之要務。

## 註 釋

註一：會議規範第一條。

註二：督導各級人民團體實施辦法第四條。

註三：督導各級人民團體實施辦法第五條。

註四：人民團體法第二十六條，督導各級人民團體實施辦法第五條。

註五：人民團體法第三十八條、四十二條，人民團體選舉罷免辦法第九條。

註六：人民團體選舉罷免辦法第十條。

註七：會議規範第十五條。

註八：人民團體選舉罷免辦法第十五條。

註九：人民團體法第二十七條。

註十：會議規範第四條。

註十一：會議規範第二十四條。

註十二：會議規範第二十五條。

註十三：會議規範第二十六條。

註十四：會議規範第二十七條。

註十五：會議規範第二十八條。

註十六：會議規範第三十四條。

註十七：會議規範第三十二條。

註十八：會議規範第五十五條。

註十九：會議規範第六十條。

註二十：會議規範第五十八條。

註二十一：會議規範第十九條。

註二十二：同前註。

註二十三：同前註。

註二十四：會議規範第六十一條。

註二十五：會議規範第五十條。

註二十六：同前註。

註二十七：會議規範第五十三條。

註二十八：會議規範第十一條。

註二十九：督導各級人民團體實施辦法第五條。

# 第五章

## 人民團體選舉實務的探討

# 壹、引言

　　人民團體選舉旨在透過公正、公平、公開的程序，依據有關法令規定產生理監事，常務理監事及理事長等領導幹部，強化領導功能；並藉以測知團體組成份子的參與感、向心力、榮譽感與凝聚力；培養團體民主與法治的精神；以期運用新陳代謝的作用，鞏固組織基礎，發揮整體力量，貢獻社會國家。

　　人民團體的選舉以方式分：計有集會選舉、通訊選舉與分區選舉；或分直接選舉與間接選舉；若以方法分：則有無記名單記法、無記名連記法與無記名限制連記法；以下謹將人民團體的選舉實務分選舉前的準備、選舉時的運作與選舉後的處理三方面擇重略述其應行注意事項，俾作實際推展人民團體會務或輔導人民團體組織的同道參考。

# 貳、選舉前的準備

## 一、清查會籍及審定會員資格

### (一)清查會籍

　　人民團體應於召開會員（會員代表）大會一個月前完成會籍總清查，隨時辦理異動登記；此項總清查工作，主管機關得通知各團體限期辦理。

(二)審定會員（會員代表）資格

人民團體應於召開會員（會員代表）大會十五日前召開理事會議審定其會員（會員代表）資格，並造具名冊，報請主管機關備查（註一）。

## 二、申請開會及通知開會

### (一)申請召開會員（會員代表）大會

人民團體應於召開會員（會員代表）大會十五日前檢具經理事會議審定通過之會員（會員代表）名冊，連同會議申請書及大會議程報請主管機關及目的事業主管機關備查，並請派員列席指導（註二）。

### (二)通知會員（會員代表）出席會議

人民團體應於召開會員（會員代表）大會十五日前將會議時間、地點連同議程，並附委託書（註三），以書面通知各應出席之會員（會員代表）準時出席會議（註四）。

## 三、準備選舉票及相關用具

### (一)準備選舉票

1.人民團體之選舉票應載明團體名稱、選舉屆次、職稱及年月日等，其格式分為下列三種，由各該團體理事會（許可設立中之團體由籌備會）擇一採用（註五）。

(1)將全體被選舉人姓名印入選舉票，由選舉人圈選者。

　　(2)按應選出名額劃定空白格位，由選舉人填寫者。

　　(3)將參考名單所列之候選人印入選舉票，由選舉人圈
　　　選，並預留與應選出名額相當之空白格位，由選舉人
　　　填寫之。

2.人民團體之選舉，事前得經會員（會員代表）大會（未正
　式成立之團體爲籌備會）之決議，提出候選人參考名單，
　或由會員（會員代表）向所屬團體登記，其人數應爲應選
　出名額同額以上，如登記不足應選出名額時，由理事會
　（許可設立中之團體由籌備會）決議提名補足之；但被選
　舉人不以參考名單所列者爲限（註六）。

3.人民團體之選舉，其理事與監事選舉票應分開印製，紙張
　顏色（淺色爲宜）亦應有分別，以免圈寫錯誤或影響開票
　速度。

4.人民團體之選舉票在姓名之上應編號次印入。

5.人民團體之選舉票應由各該團體自行印製，並蓋用各該團
　體圖記及由監事會推派之監事印章後，始生效力；許可設
　立中之團體蓋用籌備會戳記及召集人印章（註七）。

## (二)印製出席證

　　人民團體會員（會員代表）大會之出席證宜將親自出席與
委託出席二種以顏色區別之，於會員（會員代表）出席會議
時，出示身分證明在簽到簿上簽到，經與會員（會員代表）名
冊核對無誤後發給，俾佩帶進入會場，並於參加選舉時作爲領
取選舉票之憑證。

## (三)準備簽到簿及領票清冊

　　依人民團體法規定，人民團體之會員（會員代表）因故不
能出席會員（會員代表）大會參加選舉時，得以書面委託各該

團體之其他會員（會員代表）出席，並行使其權利，但每一會員（會員代表）以代表一人爲限；惟在職業團體，其委託出席人數不得超過親自出席人數之三分之一（註八）。人民團體之會員（會員代表）出席會員（會員代表）大會時應於簽到簿上簽到，參加選舉時應於領票清冊上簽名或蓋章；因此，於選舉前應將會員（會員代表）簽到簿及領票清冊（註九）妥爲準備。

### (四)繪製開票用紙

開票用紙應分理事與監事二種，並將每一會員（會員代表）之編號及姓名預先寫上，如會員（會員代表）人數眾多者，宜採取分組開票，以節省開票時間（一般以每五十人一組開理事票，一百人一組開監事票爲宜）。

### (五)準備選舉用具

人民團體辦理選舉應備妥票匭、封票匭用紙、印泥、漿糊、大頭針、迴紋針、圖釘、簽字筆、原子筆、選票封套、圈選戳等，以備選舉須用。

## 四、協調理、監事參考人選

人民團體理、監事之人選最好應在選舉前預作協調，以期產生適當而堅強之領導陣容，惟工作人員對於理、監事人選應保持超然立場，儘量避免主動參與意見，以免捲入派系糾紛，招致無謂責難。

# 參、選舉中的運作

## 一、理、監事之選舉

### (一)推定選務工作人員

由選舉人就出席之會員（會員代表）中推選或由主席在出席之會員（會員代表）中指定發票、唱票、記票及監票人員各若干人，經會員（會員代表）大會無異議通過，負責辦理選務工作有關事宜（分組開票者，每組以唱票、記票及監票人員各一人為限）。

### (二)宣布停止報到

人民團體之選舉或罷免，於發票前主席應宣布停止辦理簽到，並報告出席人數及投票截止時間後，由發票員開始發票（註十）。

### (三)說明選舉注意事項

主席在發票前應當場說明理、監事應選出之名額、選舉方法及無效票之鑑定等有關注意事項。

1.選舉票有下列情事之一者，應視為無效（註十一）：

  (1)選舉票未蓋各該團體圖記及由監事會推派之監事印章。

  (2)在選舉票上圈寫（含塗改）之被選舉人總計超出規定

應選出名額或連記額數者；或在罷免票上圈「同意罷免」「不同意罷免」二種者。

(3)夾寫其他文字或符號者；但被選舉人或被聲請罷免人如有二人以上同姓名，由選舉人或罷免人在其姓名下端註明區別者，不在此限。

(4)所圈寫之被選舉人或被聲請罷免人姓名與會員（會員代表）名冊不符者。

(5)所圈地位不能辨別為何人或「同意罷免」「不同意罷免」者。

(6)圈寫後經塗改者。

(7)書寫字跡模糊，致不能辨識者。

(8)用鉛筆圈寫者。但採電腦計票作業者，不在此限。

(9)在選舉票或罷免票上附任何物件，顯有暗號作用者。

(10)將選舉票或罷免票污染致不能辨別者。

(11)簽名、蓋章或捺指模者。

(12)將選舉票或罷免票撕破，致不完整者。

(13)不加圈寫，完全空白者。

前項第(4)款至第(7)款如屬部分性質者，當場由會議主席會同全體監票員認定該部分為無效。認定有爭議時，由會議主席與全體監票員表決之；表決結果正反意見同數時，該選舉票應為無效。

2.領票及圈選：

(1)人民團體之選舉或罷免，各選舉人或罷免人應憑出席證或委託出席證親自領取選舉票或罷免票一張；選舉人或罷免人應親自在指定之場所圈寫選舉票或罷免票，並親自投入票匭（註十二）。

(2)選舉人或罷免人因不識字或身心障礙致無法圈寫時，得請求監票員或會議所推定之代書人，依該選舉人或

　　　　罷免人之意旨，代爲圈寫（註十三）。

## (四)當選資格之認定

　　1.人民團體之選舉，凡具有被選舉資格者，均得爲當選人。
　　　且當選人不以親自出席會議者爲限（註十四）。

　　2.人民團體之被選舉人依照法令或章程規定應受不得連任之
　　　限制者，不得當選（註十五）。

　　3.人民團體之會員（會員代表），如一人同時當選爲理事與
　　　監事或候補理事與候補監事時，由當選人當場擇一擔任，
　　　如當選人未在場或在場而未能擇定者，以得票較多之職位
　　　爲當選，票數相同時，以抽籤決定之；如一人同時爲正式
　　　當選及候補當選時，以正式當選者爲準（註十六）。

　　4.人民團體之會員（會員代表），如一人同時具有二個以上
　　　之會員（會員代表）資格者，應具有二個以上之選舉權或
　　　罷免權，但被選舉權仍以一個爲限（註十七）。

## (五)選舉權與被選舉權之取消

　　人民團體之選舉或罷免，出席人有下列情事之一者，由監
票員予以警告，不服警告時，報告會議主席，由會議主席視情
節提經出席人三分之二以上之同意，當場宣布取消其選舉權、
被選舉權、罷免權或禁止其出席該次會議之權利，並應於會議
紀錄中敘明（註十八）。

　　1.妨礙會場秩序或會議之進行者。
　　2.攜帶武器或危險物品者。
　　3.在旁監視、勸誘或干涉其他選舉人或罷免人圈投選舉或罷
　　　免票者。
　　4.集體圈寫選舉票或罷免票或將已圈寫之票明示他人者。

5.未依人民團體選舉罷免法第十五條規定圈投者。

## (六)無記名限制連記法之採用

人民團體之選舉，以集會方式選舉者，經出席人數三分之一以上之同意，得採用無記名限制連記法，惟其限制連記額數為應選出名額之二分之一以內，並不得再作限制名額之主張（註十九）。

## (七)清查在場人數之動議

人民團體之選舉或罷免，在開始前，出席人如未提出清查在場人數之動議，其選舉或罷免應隨該會議之合法而有效；如提出此項動議，應即清查在場人數，須足法定出席人數時，方可開始選舉或罷免（註二十）。

## (八)發票員之職責

1.向指導員領取選舉票經清點無誤後即可發票；如有不足，可以補領，如有多餘，應繳還指導員。
2.會員（會員代表）或受委託出席會員（會員代表）應憑出席證（或換票證）或委託出席證領取選舉票。
3.發票完畢後，應將出席證（或換票證）及委託出席證與所發選舉票數核對無誤後，連同多餘選舉票一併繳還指導員。

## (九)唱票員之職責

1.唱票應力求口齒清晰，聲音宏亮，俾眾皆週知，以示公開、公正。
2.唱票員如發現選舉票圈寫有疑問時，應請監票員決定是否應屬廢票，不可自己決定。

3.唱票速度應與記票速度相配合，以免快慢不協調而生錯誤。

## (十)記票員之職責

1.記票員必須頭腦清楚、反應靈敏，以求確實。

2.記票必須使用由團體備妥之開票用紙，不宜使用黑板。

3.記票完畢後，對當選之理、監事，其限制連任之人數是否符合規定應予記明。

4.記票完畢後，應將當選之理、監事及候補理、監事姓名及得票數抄錄清單，送主席宣布選舉結果。

5.開票用紙於大會結束後，應送交團體收存。

## (十一)監票員之職責

1.投票開始前，當眾檢查票匭後予以密封（封條由團體事先備妥），放置　定地點，供投票之用。

2.會同發票員向指導員領取選舉票，並監督發票員清點票數無誤後，始准發票。

3.監督發票員發票，如發現有錯誤時，應立即糾正或制止。

4.協助大會主席維持會場秩序，並注意選舉人如將選舉票攜出會場外圈寫，或將選舉票交付他人代為圈寫，應即制止，否則應報告主席沒收其選舉票。

5.票匭開啟後，應清點投票數與發票數是否相符（投票數可較發票數減少，但不得超過）。

6.檢查有無廢票，如有疑義，應向主席及指導員請示。

7.監視唱票員及記票員之唱票與記票有無錯誤。

8.如發現有違法選舉情事，應即時報告主席，由主席徵詢指導員意見後，迅作適當處理。

## 二、常務理、監事暨理事長之選舉

### (一)選舉時間

　　人民團體之理、監事選出後，應於大會閉會之第七日起至十五日內，分別召開第一次理、監事會議選舉常務理、監事及理事長（註二十一）。惟人民團體如決定於會員（會員代表）大會選出理、監事閉會之當日，接著召開第一次理、監事會議，選舉常務理、監事及理事長，務必於申請召開會員（會員代表）大會之同時，一併申請召開第一次理、監事會議，並於通知會員（會員代表）出席會議時，於會議通知書中敘明（註二十二）。

### (二)會議之召集

　　人民團體選出理、監事後，召開第一次理、監事會議應由原任理事長（不設理事長者爲常務理事）及常務監事分別召集之，如逾期不爲召集時，由得票最多數之理、監事或由主管機關指定理、監事召集之（註二十三）。又人民團體原任理事長及常務監事如未當選連任爲理、監事者，於第一次理、監事會議可列席參加，但應由得票最多數之理、監事分別擔任主席。

### (三)通知開會及報備

　　人民團體召開理、監事會議應於會議七日前將開會時間、地點連同議程通知應參加人員，並同時報請主管機關及目的事業主管機關備查（註二十四）。

### (四)出席會議

　　人民團體理、監事應親自出席理、監事會議，不得委託他

人代理（註二十五）。

## (五)常務理、監事暨理事長人選之協調

人民團體為強化領導功能，對於常務理、監事及理事長人選最好應在會前先予協調，惟工作人員應保持超然，不宜參與意見。

# 肆、選舉後的處理

人民團體選舉為力求絕對公正、公平、公開，讓會員（會員代表）心悅誠服，毫無怨言；選舉後應作適當的處理，其應注意的事項為：

## (一)當場開票並宣布選舉結果

人民團體之選舉或罷免，經截止投票後，應即當場開票，並由會議主席或其指定人員宣布選舉或罷免結果（註二十六）。

## (二)違法舞弊之嫌之處理

人民團體之選舉或罷免，如發現有違法舞弊之嫌時，會議主席得會同監票員宣布將票匭加封，報請主管機關核辦（註二十七）。

## (三)選舉票之保管

人民團體之選舉或罷免，在開票完畢宣布結果後，所有選舉或罷免票應予包封，並在封面書明團體名稱、屆次、職稱、選舉或罷免票張數及年月日等，由會議主席及監票員會同驗簽後，交由各該團體妥為保管；如無爭訟，俟任期屆滿改選完畢

後，自行銷毀之（註二十八）。

### (四)當選人簡歷冊之陳報

　　人民團體之選舉或罷免，在結果揭曉後三十日內，應由各該團體造具當選人簡歷冊或被罷免人名冊報請主管機關核備（註二十九）。

### (五)對選舉結果異議之陳述

1. 人民團體之選舉或罷免，對選舉或罷免結果有異議者，出席之選舉人、被選舉人、罷免人或被罷免人應當場向會議主席提出，並應於三日內（以郵戳為憑）以書面申請主管機關核辦，未出席或出席未當場表示異議或逾期提出異議者，主管機關不予受理。（註三十）。
2. 人民團體分區投票選舉會員代表者，如選舉人對分區選舉會員代表結果有異議者，應當場向會議主席或主持人提出，由會議主席或主持人轉報主管機關核辦，事後提出者，主管機關不予受理（註三十一）。

## 伍、結語

　　人民團體選舉乃團體革新領導幹部，促進新陳代謝的重要措施之一，也是團體健全組織，發揮功能的主要途徑；選舉之成敗與否，不但關係會員的權益，更與社會的繁榮與國家的安全息息相關；選舉得人，則均蒙其利；選舉不得人，則同受其害。概括言之，人民團體辦好選舉的基本要件為：(1)熟稔法令、嚴守規定，(2)縝密策劃、準備周詳，(3)博採眾議、接受輔導；而辦理選舉的工作人員尤應秉持認真負責、虛心慎重、客

觀超然、堅守原則的態度；如能做到「運用之妙，存乎一心」之境界，必能水到渠成，圓滿成功；則不但直接使會員、團體同受其惠，對社會、國家亦必有所貢獻。

## 註　釋

註一：人民團體選舉罷免辦法第五條、督導各級人民團體實施辦法第三
　　　條。

註二：督導各級人民團體實施辦法第四條。

註三：委託書格式如附件一。

註四：人民團體法第二十六條、督導各級人民團體實施辦法第四條。

註五：人民團體選舉罷免辦法第七條第一項，選舉票格式如附件二、附件
　　　三、附件四。

註六：人民團體選舉罷免辦法第七條第二項。

註七：人民團體選舉罷免辦法第八條。

註八：人民團體法第三十八條、四十二條，人民團體選舉罷免辦法第九
　　　條。

註九：簽到簿格式如附件五、領票清冊格式如附件六。

註十：人民團體選舉罷免辦法第十二條。

註十一：人民團體選舉罷免辦法第十八條。

註十二：人民團體選舉罷免辦法第十五條第一項。

註十三：人民團體選舉罷免辦法第十五條第二項。

註十四：人民團體選舉罷免辦法第二十一條。

註十五：人民團體選舉罷免辦法第二十二條。

註十六：人民團體選舉罷免辦法第二十六條。

註十七：人民團體選舉罷免辦法第二十八條。

註十八：人民團體選舉罷免辦法第十六條。

註十九：人民團體選舉罷免辦法第四條。

註二十：人民團體選舉罷免辦法第三十一條。

註二十一：人民團體選舉罷免辦法第二十條第一項。

註二十二：人民團體選舉罷免辦法第二十條第二項。

註二十三：人民團體選舉罷免辦法第二十條第一項。

註二十四：督導各級人民團體實施辦法第四條。

註二十五：人民團體法第三十一條。

註二十六：人民團體選舉罷免辦法第四十一條第一項。

註二十七：同前註。

註二十八：人民團體選舉罷免辦法第四十二條。

註二十九：人民團體選舉罷免辦法第四十三條。

註三十：人民團體選舉罷免辦法第四十一條第二項。

註三十一：人民團體選舉罷免辦法第四十一條第三項。

附件一　委託書格式

| （團體名稱）委託書格式 | 召開大會之屆次 | | 委託者 |
|---|---|---|---|
| | | | 缺席原因 |
| | 大會種類 | | |
| | | | 右委託是實　此上 |
| | 時間 | 地點 | |
| | | 受委託者 | 委託事項 |
| | | 本委託人今委託上開受委託者代表出席本次大會並代爲行使會議時一切權利義務。 | |

中　華　民　國　　　年　　　月　　　日

委託人　　　（簽名蓋章）

## 附件二　選舉票格式(一)

**（團體名稱）第○屆理（監）事選舉票**

| 圈選編號 | 姓名 | 圈選 | 圈選編號 | 姓名 | 圈選 | 圈選編號 | 姓名 |
|---|---|---|---|---|---|---|---|
| 1. | 王○○ | | 11. | 蔡○○ | | 21. | 許○○ |
| 2. | 李○○ | | 12. | 黃○○ | | 22. | 張○○ |
| 3. | 陳○○ | | 13. | 陳○○ | | 23. | 歐○○ |
| 4. | 張○○ | | 14. | 李○○ | | 24. | 徐○○ |
| 5. | 朱○○ | | 15. | 康○○ | | 25. | 湯○○ |
| 6. | 林○○ | | 16. | 徐○○ | | 26. | 張○○ |
| 7. | 劉○○ | | 17. | 林○○ | | 27. | 簡○○ |
| 8. | 洪○○ | | 18. | 劉○○ | | 28. | 宋○○ |
| 9. | 鄭○○ | | 19. | 王○○ | | 29. | 江○○ |
| 10. | 方○○ | | 20. | 詹○○ | | 30. | 戚○○ |

（蓋團體圖記）

監事會推派：之監事

中華民國　　年　　月　　日

說明：一、本選舉票係將所有被選舉人名單（假設會員三十人）全部印入，由選舉人圈選應選出名單。

二、圈選方式、名額等事項，得印入選舉票中。

附件三　選舉票格式（二）

| 編號姓名 | 1. | 2. | 3. | 4. | 5. | 6. | 7. | 8. | 9. | 中　華　民　國 | 說明：一、本選舉票係將應選出名額劃定空白格位（假設應選出名額爲九人），由選舉人填寫。 |
|---|---|---|---|---|---|---|---|---|---|---|---|

（團體名稱）第○屆理（監）事選舉票

監事會推派：
之監事

（蓋團體圖記）

中　華　民　國　　　年　　　月　　　日

說明：一、本選舉票係將應選出名額劃定空白格位（假設應選出名額爲九人），由選舉人填寫。

二、團選方式、名額等事項，得印入選舉票中。

## 附件四　選舉票格式（三）

**（團體名稱）第○屆理（監）事選舉票**

| 圈選編號 | 姓名 | 填寫候選人 |
|---|---|---|
| 1. | 王○○ | |
| 2. | 李○○ | |
| 3. | 張○○ | |
| 4. | 宋○○ | |
| 5. | 朱○○ | |
| 6. | 黃○○ | |
| 7. | 潘○○ | |
| 8. | 劉○○ | |
| 9. | 鄧○○ | |

（蓋團體圖記）

監事會推派：
之監事

中華民國　　年　　月　　日

說明：一、本選舉票係將候選人參考名單（假設應選出名額爲九人），印入選舉票，參考名單人數爲應選出名額同額以上，選舉票並應預留與應選出名額相當之空白格位。

二、圈選方式、名額等事項，得印入選舉票中。

附件五　簽到簿格式

| 編號 | 會員（代表）姓名 | 本人簽名 | 受委託會員（代表）簽名 | 備註 |
|---|---|---|---|---|
| | | | | |
| | | | | |
| | | | | |
| | | | | |

（團體名稱）　第○屆第○次會員（代表）大會簽到簿

說明：一、各團體應於大會開會前將「編號」及「會員（代表）姓名」兩欄先行填妥。

二、會員（代表）親自出席大會時應於「本人簽名」欄簽名，報到處工作人員應核對是否與上欄「會員（代表）姓名」相符。

三、會員（代表）因故不能出席大會時得填具委託書委託該會其他會員（代表）代理之，受委託人以接受一人之委託為限。

四、受委託之會員（代表）應將委託書提交報到處工作人員，經審查符合後在下面「備註」欄註明「受第○號之委託」字樣，再由受委託會員（代表）在「受委託會員（代表）簽名」欄簽其姓名。

附件六　領票清冊格式

| 編號 | 會員（代表）姓名 | 本人領訖簽名 | 受委託會員（代表）領訖簽章 | 備　註 |
|---|---|---|---|---|
| | | | | |
| | | | | |
| | | | | |
| | | | | |
| | | | | |

（團體名稱）第○屆○事選舉票領票清冊

# 第六章

## 人民團體會務推行的要項

# 壹、引言

　　負責人民團體經營管理者，經常會提到人民團體有三「務」，即：會務、業務及財務；其要求的指標為：(1)會務推行合法化，(2)業務經營效益化，(3)財務處理制度化；由此觀之，會務推行是人民團體組織運作的重要工作之一。一般言之，人民團體會務推行的要項應包括：(1)召開會議，(2)辦理選舉，(3)文書處理，(4)會籍管理，(5)檔案管理，(6)會員服務，(7)公關事務等。其中尤以召開會議及辦理選舉兩項最為重要；因為，這兩項工作一切務須依法行政；如稍不適法，雖然無心，有時常會因之引發無謂的糾紛，甚至鬧得難以收拾，影響團體士氣。是故，會務推行合法化乃人民團體領導幹部及工作人員所應絕對堅持的經營策略。

# 貳、會務推行的要項

## 一、召開會議

　　人民團體的法定會議有：(1)會員大會或會員代表大會，(2)理事會議，(3)監事會議，(4)理監事聯席會議。至於人民團體之常務理事會議僅係人民團體之參謀會議，絕非法定會議；其會議之決議務須提經理事會議通過後始生效力。

## (一)會員（會員代表）大會之召開

會員（會員代表）大會是人民團體最高之權力機構。

1.**種類**：人民團體會員（會員代表）大會分：定期會議與臨時會議二種，由理事長召集之。定期會議每年召開一次；臨時會議於下列情況時召開：(1)理事會認爲必要，(2)經會員（會員代表）五分之一以上之請求，(3)監事會函請召集時（註一）。

2.**通知**：人民團體會員（會員代表）大會之召集，應於會議召開十五日前，將會議種類、時間、地點連同議程通知各應出席之會員（會員代表）；並報請主管機關及目的事業主管機關備查。但因緊急事故召集臨時會議，經於開會前一日送達通知者，不在此限（註二）。會員（會員代表）大會之召開應報請主管機關派員列席（註三）。

3.**開會額數**：人民團體召開會員（會員代表）大會，應有會員（會員代表）過半數之出席，始得開會（註四）。

4.**委託出席**：人民團體會員（會員代表）不能親自出席會員（會員代表）大會時，得以書面委託其他會員（會員代表）代理。但職業團體委託出席人數，不得超過該次會議親自出席人數之三分之一（註五）。而社會團體委託出席之人數則無比例之限制（註六）。惟不論職業團體或社會團體，每一會員（會員代表）均以代理一人爲限，且會員應委託會員，會員代表應委託會員代表。

5.**決議**：人民團體會員（會員代表）大會之決議，應有出席會員（會員代表）過半數或較多數之同意行之。但若有下列重要事項，其決議應有會員（會員代表）三分之二以上同意行之（註七）。

　　(1)章程之訂定與變更。

　　(2)會員（會員代表）之除名。

　　(3)理事、監事之罷免。

　　(4)財產之處分。

　　(5)團體之解散。

　　(6)其他與會員權利義務有關之重大事項。

6.出席人數之計算：人民團體會員（會員代表）大會出席人數之計算，以簽到或報到人數爲準。但出席人提出清查在場人數之動議時，應即清查在場人數，以清查結果爲準（註八）。前項動議不需附議；但原動議人得於清查結果宣布前收回之（註九）。

7.不能依法召開大會之處理：人民團體會員（會員代表）大會不能依法召開時，得由主管機關指定理事一人召集之（註十）。

8.會議紀錄：人民團體會員（會員代表）大會之紀錄應載明應出席人數、實際出席人數、缺席人數及請假人數；並於閉會後三十日內報請主管機關及目的事業主管機關備查（註十一）。如會議之決議應報請主管機關或目的事業主管機關核辦者，須檢附會議紀錄分別專案處理，並將處理情形提報下次會議（註十二）。

9.會員代表大會：人民團體會員（會員代表）人數超過三百人以上者，得劃分地區，依會員（會員代表）人數比例選出代表，再合開代表大會，行使會員大會職權（註十三）。

## (二)理、監事會議之召開

1.會議次數：人民團體理事會、監事會，每三個月至少舉行會議一次，並得通知候補理事、候補監事列席（註十

四）。另召開理事會議時，監事會召集人（常務監事）得列席；召開監事會議時，理事長得列席（註十五）。

2.通知：人民團體召開理事會議、監事會議應於會議召開七日前，將會議種類、時間、地點連同議程通知各應出席人，並報請主管機關及目的事業主管機關備查（註十六）。

3.開會額數：人民團體召開理事會議或監事會議，應有理事或監事過半數之出席，始得開會（註十七）。

4.親自出席：人民團體理事、監事應親自出席理事、監事會議，不得委託他人代理；連續二次無故缺席者，視同辭職，由候補理事、候補監事依次遞補（註十八）。

5.決議：人民團體理事會議或監事會議之決議，以出席人數過半數或較多數之同意行之（註十九）。

6.臨時會議：人民團體理事或監事認為必要，並經理事或監事過半數之連署，得函請理事長或監事會召集人（常務監事）召開臨時理事會議或監事會議。如理事長或監事會召集人（常務監事）無故不為召開時，得由連署人報請主管機關指定理事或監事一人召集之（註二十）。

7.不能依法召開會議之處理：人民團體理事會不能依法召開時，得由主管機關指定理事一人召集之；監事會不能依法召開會議時，得由主管機關指定監事一人召集之（註二十一）。

8.改選或改推：人民團體理事長或監事會召集人（常務監事）無正當理由不召開理事會議或監事會議超過二個會次者，應由主管機關解除理事長或監事會召集人（常務監事）職務，另行改選或改推（註二十二）。

9.經費收支及工作執行之審議：人民團體於每次召開理事會議時，應將經費收支及工作執行情形提報審議，並於審議

後送請監事會監察；監事會監察發現有不當情事者，應提出糾正意見，送請理事會處理；若理事會不為處理時，監事會得提報會員（會員代表）大會審議（註二十三）。

10.會議紀錄：人民團體理事、監事會議之紀錄，應載明出席、缺席、請假人員之姓名，於閉會後三十日內報請主管機關及目的事業主管機關備查。會議之決議如須報請主管機關或目的事業主管機關核辦者，應分別專案處理，並將處理情形提報下次會議（註二十四）。

### (三)理監事聯席會議之召開

人民團體理事會議、監事會議應分別舉行；必要時，得召開理事監事聯席會議（註二十五）。召開聯席會議時，應有理事、監事各過半數之出席，始得開會。其決議應以出席理事、監事各過半數或較多數之同意行之（註二十六）。

## 二、辦理選舉

人民團體選舉是團體革新領導幹部，促進新陳代謝的重要措施，也是人民團體會務處理的要務。選舉得人，則團體必蓬勃發展；選舉不得人，團體將因之停滯不展。所謂人民團體選舉，係指選舉產生理事、監事、常務理事、常務監事及理事長等；茲將其規定敘述於后。

### (一)理、監事選舉

由會員（會員代表）大會用無記名連記法，依章程規定選出應選出之名額。其召開會員（會員代表）大會之前應準備之重點事項為：

1.清查會籍並審定會員（會員代表）資格：會籍清查一般均在召開會員（會員代表）大會一個月前完成。且依規定應於召開會員（會員代表）大會十五日前召開理事會議審查會員（會員代表）資格，並造具名冊，報請主管機關備查（註二十七）。

2.準備改選：人民團體理、監事應於任期屆滿前一個月內辦理改選；如確有困難時，得申請主管機關核准延長，其期限以不超過三個月爲限。屆期如未完成改選者，由主管機關限期整理（註二十八）。

3.通知會員（會員代表）出席會議：人民團體依規定應於召開會員（會員代表）大會十五日前通知會員（會員代表）出席會議（註二十九）。寄發開會通知時，應附寄委託書。

4.向主管機關申請開會：人民團體依規定應於召開會員（會員代表）大會十五日前，檢具：(1)經理事會議審議通過之會員（會員代表）名冊，(2)會議申請書，(3)大會議程等向主管機關申請開會，並請派員列席指導；同時亦應一併邀請目的事業主管機關派員指導（註三十）。

5.準備選舉票：依人民團體選舉罷免辦法第七條規定，人民團體理、監事選舉票之格式有三種；召開大會前應依理監事聯席會議決定，準備選舉票；理、監事選舉票最好用顏色區分，以便識別，而利開票。選舉票務須加蓋團體圖記或監事會推派之監事印章。

## (二)常務理、監事及理事長選舉

常務理事及理事長是由第一次理事會議，依章程規定先選出常務理事名額，而後再由全體理事就常務理事中選舉一人爲理事長。常務監事是由第一次監事會議選出；如設監事會召集人，則先由監事會議選舉產生常務監事後，再由常務監事互推

一人爲召集人。其應注意之重點事項爲：

1. **選舉時間**：人民團體之理事、監事選出後，應於大會閉會之第七日起至十五日內分別召開理事會議、監事會議，選舉常務理事、理事長及常務監事；由原任理事長、監事會召集人（常務監事）召集之；許可設立之團體由籌備會召集人召集。如逾期不爲召集時，由得票最多數的理事、監事或由主管機關指定理事、監事召集之。無法於前述時間內召開，得報請主管機關核准延長之（註三十一）。

   理事會議、監事會議如準備於大會當日召開者，應於召開會員（會員代表）大會時一併通知，並一併向主管機關申請。但依法令或章程規定，理事、監事之當選不限於出席之會員（會員代表）者，不得於大會當日召開理事會議、監事會議（註三十二）。

2. **準備移交**：人民團體於每屆理事、監事改選前，應將立案證書、圖記、未完成案件、檔案、財務、人事等資料造具清冊一式三份，於下屆理事長選出後，以一份連同立案證書、圖記移交新任理事長及監交人，並於十五日內由新任理事長會同監交人接收完畢（註三十三）。

   前項監交人由新任監事會召集人（常務監事）或新任監事互推一人擔任（註三十四）。

3. **理、監事之連任限制**：人民團體有限制連任規定者，其現任理事、監事如因會員（會員代表）資格喪失而辭職，同時又以另一會員（會員代表）資格加入該團體者，在改選或補選時，仍應受不得連任之限制（註三十五）。應受連任限制之理事或監事，不得當選爲候補理事或候補監事（註三十六）。

4. **理、監事出缺之遞補**：人民團體理事、監事出缺時，應由

候補理事、候補監事依次遞補,經遞補後,如理事、監事
未達章程所定名額三分之二時,應補選足額。人民團體之
理事長、常務理事或監事會召集人(常務監事)出缺時,
應自缺席之日起一個月內補選之(註三十七)。

## 三、文書處理

此係指人民團體因會務推動之需要:(1)與相關機關或個人
之公文來往,包括:收文、登記、簽辦、發文、存檔、調卷…
…,(2)專案之簽處,(3)向主管機關及相關機關陳報之公函、表
報……,均應依照法令規定及公文程式,掌控時效、井然有序
地妥善處理。

## 四、會籍管理

會員是團體組成的動力;團體會員資格之認定,當是促使
團體淨化與純化的關鍵所在。基此,人民團體工作人員應對會
員會籍定期辦理清查,確實掌握會員的基本資料及動態狀況,
按會員的個別情形,建立完整的會員會籍卡,並轉換為資訊系
統之管理;俾使團體的組成份子均具有共同認定的會員資格;
進而運用會員的個人專長,透過科際整合的效能,激發其共同
致力於團體的發展。

## 五、檔案管理

人民團體的會務處理務必確實做到「可案可稽」的層次,
亦即有需要的時候,案案可查,且案案清楚。一般言之,檔案
應包括:各項簿冊、案卷、單據、憑證、帳簿、表報、印戳、

財產、人事及活動成果……等，各項均應分門別類、有條不紊地建檔，並妥為管理，以便隨時經得起調閱、查核的考驗。

## 六、會員服務

人民團體的經營管理務必深切體認一個事實，那就是：為何會員會熱烈參加團體？為何會員的團體意識很強？又為何會員充分展現榮辱與共的命運共同體觀念？究其原因無他，主要是因為團體所做的會員服務，讓會員有口皆碑、一致肯定；使得會員充分感受到參加團體真好，尤更感受到，參加團體不但可滿足需要，更可協助解決問題；因此，人民團體的經營管理，對於會員服務應列為推行會務優先考量的議題。

## 七、公關事務

人民團體的公關事務並非意味著人民團體務須混身解數，到處攀拉關係；而係指團體應加強對外之溝通協調、聯繫互動，以爭取社會各界支持與配合。尤其更應以具體的績效展現，贏得社會的認同與肯定，以建立團體的信譽與權威，而有助於團體的發展蒸蒸日上。

# 參、結語

人民團體的所作所為，一切均係依照會議的決定；因之，人民團體可說是訓練民主的最佳場所。藉此要特別呼籲的是，人民團體的領導幹部務須體認：團體絕對非屬領導幹部少數所專有，而是屬於參加團體的全體會員所共有。所以，人民團體

的經營管理必需考慮到如何以團體的整體利益為前提，更以會員的表達意見為依歸；亦即應該廣納建言，運用集體力量，共同促使團體健全發展。一般言之，人民團體均比較偏向於依照團體的性質，致力於業務的推展；而較少注意到會務的推行方面，致使團體問題叢生，糾紛不斷；甚至為少數人所把持壟斷，把人民團體當做家族企業經營；如此，非但會員受害，對整體社會亦必造成無形的損傷。最後必須再度重申的是「會務推行合法化」，應為人民團體經營管理所不可漠視的重要課題。

## 註　釋

註一：人民團體法第二十五條。

註二：人民團體法第二十二條第一項、督導各級人民團體實施辦法第四
　　　條。

註三：人民團體法第二十六條第二項。

註四：人民團體法第二十七條。

註五：人民團體法第三十八條。

註六：人民團體法第四十二條。

註七：人民團體法第二十七條。

註八：督導各級人民團體實施辦法第八條第一項。

註九：督導各級人民團體實施辦法第八條第二項。

註十：人民團體法第三十二條。

註十一：督導各級人民團體實施辦法第五條第一項。

註十二：督導各級人民團體實施辦法第五條第三項。

註十三：人民團體第二十八條。

註十四：人民團體法第二十九條第一項。

註十五：督導各級人民團體實施辦法第九條。

註十六：督導各級人民團體實施辦法第四條。

註十七：督導各級人民團體實施辦法第六條。

註十八：人民團體法第三十一條。

註十九：人民團體法第二十九條第二項。

註二十：督導各級人民團體實施辦法第五條。

註二十一：人民團體法第三十二條。

註二十二：人民團體法第三十條。

註二十三：督導各級人民團體實施辦法第十條。

註二十四：督導各級人民團體實施辦法第五條第二項。

註二十五：督導各級人民團體實施辦法第七條第一項。

註二十六：督導各級人民團體實施辦法第七條第二項。

註二十七：督導各級人民團體實施辦法第三條。

註二十八：人民團體法第三十三條。

註二十九：人民團體法第二十六條、督導各級人民團體實施辦法第四條。

註三十：督導各級人民團體實施辦法第五條第一項。

註三十一：人民團體法第二十條第一項。

註三十二：人民團體法第二十條第二項。

註三十三：督導各級人民團體實施辦法第十一條第一項。

註三十四：督導各級人民團體實施辦法第十一條第二項。

註三十五：人民團體法第二十三條第一項。

註三十六：人民團體法第二十三條第二項。

註三十七：人民團體法第三十七條。

# 第七章

## 人民團體財務處理的要領

# 壹、引言

　　人民團體因會員人數多寡，業務性質不同，財務繁簡各異，其大小懸殊甚大；為使各團體的財務處理能趨一致，以健全團體組織，促進會務發展，增進團體功能之有效發揮；乃延引人民團體財務處理有關法令，略述管見，俾供人民團體工作人員參考，以增進其對人民團體財務處理的瞭解。

　　人民團體的財務處理，係指將團體的經費收入與支出，依據法令規定之會計事項，應用專業的技術將團體收支作有系統、有組織的記載與說明。也就是要使團體的經費能作最適當而有效的應用。它是決定一個團體會務發展與否，與業務能否推展的重要關鍵。

　　人民團體的財務處理所用之會計與一般會計大同小異，只是法令依據不同，其原理多與一般會計相同。人民團體的會計年度以每年一月一日起至十二月三十一日止；其會計基礎平時採現金收付制，年終結算時則採用權責制，並以收支決算表（如表7-1）、現金出納表（如表7-2）、資產負債表（如表7-3）、財產目錄（如表7-4）及基金收支表（如表7-5）為主要會計報告外，其對內會計報告可自視需要編訂之。

　　人民團體會計科目之設置係依照各團體之實際需要而定，各團體得視其會計事務的繁簡，依實際發生的會計事項酌予採用。

　　有關人民團體的會計簿籍、會計報告與會計憑證之登記編報，均略述於后。

人民團體經營管理

## 表7-1　收支決算表

團體名稱

收支決算表

中華民國　年　月　日至　年　月　日　第　頁

| 科目 | | | 決算數 | 預算數 | 決算與預算比較數 | | 說明 |
|---|---|---|---|---|---|---|---|
| 款 | 項 | 目 | | | 增加 | 減少 | |
| 1. | | 經費收入 | | | | | |
| 2. | | 經費支出 | | | | | |
| 3. | | 本期餘絀 | | | | | |

團體負責人：　　秘書長或總幹事：　　會計：　　製表：

說明：

1.決算表之科目根據現定辦法所訂收入類與支出類之會計科目依序編列。

2.決算表之說明欄須將決算數與預算數之差異詳加說明。

3.本表須經製表、會計、秘書長或總幹事及團體負責人蓋章。

表7-2　現金出納表

團體名稱
現金出納表
中華民國　年　月　日至　年　月　日止

| 收入部之金額 | | | 支出部之金額 | | |
|---|---|---|---|---|---|
| 科目名稱 | 金額 | | 科目名稱 | 金額 | |
| 上期結存 | | | 本期支出 | | |
| 本期收入 | | | 本期結存 | | |
| 合計 | | | 合計 | | |

團體負責人：　　　秘書長或總幹事：　　　會計：　　　出納：　　　製表：

說明：

1. 本表為一團體在會計年度內現金（包括銀行存款）收支之報表。
2. 本表須經製表、會計、秘書長或總幹事及團體負責人蓋章。

人民團體經營管理

## 表7-3 資產負債表

團體名稱

資產負債表

中華民國　年　月　日　第　頁

| 資產 | | 負債、基金暨絀餘 | |
|---|---|---|---|
| 科目名稱 | 金額 | 科目名稱 | 金額 |
| | | | |
| 合計 | | 合計 | |

團體負責人：　　　秘書長或總幹事：　　　會計：　　　製表：

說明：

1.本表資產、負債、基金暨絀餘之科目根據規定辦法規定辦法所訂之資產、負債、基金除絀餘類科目編列。

2.本表須經製表、會計、秘書長或總幹事、團體負責人蓋章。

表7-4 財產目錄

團體名稱

財產目錄

中華民國　年　月　日

| 財產編號 | 財產科目 | 名稱 | 購買日期<br>年 月 日 | 單位 | 數量 | 金額 | 存放地點 | 說明 |
|---|---|---|---|---|---|---|---|---|
|  |  |  |  |  |  |  |  |  |
|  |  |  |  |  |  |  |  |  |
| 合　計 |  |  |  |  |  |  |  |  |

團體負責人：　　　秘書長或總幹事：　　　會計：　　　保管：　　　製表：

說明：

1.本目錄根據財產登記簿，根據規定辦法所訂固定資產之科目編造。

2.本目錄須經製表、保管、會計、秘書或總幹事、團體負責人蓋章。

表7-5 基金收支表

**團體名稱**
**基金收支表**

中華民國　年　月　日至　年　月　日止　　　第　頁

| 收入 | | | 支出 | | |
|---|---|---|---|---|---|
| 科目名稱 | | 金額 | 科目名稱 | | 金額 |
| 準備基金 | | | 準備基金 | | |
| | 歷年累存 | ×× | | 支付退休金 | ×× |
| | 本年度利息收入 | ×× | | 支付退休金 | ×× |
| | 本年度提撥 | ×× | 結餘 | 存入×××銀行帳戶 | ×× |
| | | ××× | | | ××× |

團體負責人：　　　秘書長或總幹事：　　　會計：　　　出納：　　　製表：

說明：

1. 動支基金應註明理事會通過之屆次與主管機關核備之文號。
2. 各基金收支結存應與決算收支表及資產負債表相關科目金額一致。
3. 本表須經製表、出納、會計、秘書長或總幹事、團體負責人蓋章。

# 貳、會計科目

　　人民團體財務處理之會計科目分為資產、負債、基金暨餘絀、收入及支出五類，茲分述如后：

## 一、資產類會計科目及說明

### (一)流動資產

　　包括現金及在正常程序中即可變為現金或可減少現金支出而具流動性質之資產。

　　1.庫存現金：庫存收付之現金。

　　2.銀行存款：存入行庫信託公司或郵局之款項。

　　3.專戶存款：存入之款項指定專供特定用途者。

　　4.有價證券：購入之政府債券、定期存單等。

　　5.應收票據：應收尚未到期之票據。

　　6.應收款項：應收未收之一切款項。

　　7.短期墊款：短期墊付之款項。

　　8.預付款項：預為支付之一切款項。

### (二)基金

　　依社會團體財務處理辦法或工商團體財務處理辦法規定存入行庫信託公司或郵局之基金專戶存款。

## (三)固定資產

　　包括土地、房屋及建築、器械、儀器、圖書、車輛等為供會務及業務使用而具有固定性之資產。

1.土地：辦公會所及附屬作業組織等之用地。

2.房屋及建築：房屋及其附屬設備及增添建築等。

3.事務器械設備：供業務使用之專業器械及設備。

4.儀器設備：供業務用之儀器設備。

5.交通運輸設備：供業務用之交通工具。

6.雜項設備：不屬於上列之各項設備。

## (四)其他資產

　　不屬於上列各項資產之其他資產。

1.存出保證金：存出供作各種保證用之款項。

2.雜項資產：不屬於上列各項資產之雜項資產。

# 二、負債類會計科目及說明

## (一)流動負債

　　短期應予償付而具有流動性質之負債。

1.短期借款：償還期限在一年以內之借款。

2.應付票據：短期內到期之應付票據。

3.應付款項：應付未付之一切款項。

4.代收款項：代收之一切款項。

5.預收款項：預收之一切款項。

## (二)固定負債

具有固定性質之負債。

長期借款：償還期限在一年以上之借款。

## (三)其他負債

不屬於上列各項負債之其他負債。

1.存入保證金：存入供作各種保證用之款項。

2.雜項負債：不屬於上列各種負債之雜項負債。

# 三、基金暨餘絀會計科目及說明

## (一)基金

依社會團體財務處理辦法或工商團體財務處理辦法規定提列之各項準備基金、具有基金性質之款項及其孳息。工商團體及自由職業團體部分又可分為：

1.會務發展準備基金：歷年（含當年度）提撥之會務發展準備基金及其孳息。

2.退撫準備基金：歷年（含當年度）提撥之工作人員退休、退職或撫卹準備基金及其孳息。

3.資產基金：固定資產之總值。

## (二)餘絀

收支決算所發生結餘或短絀之款項。

1.累計餘絀：歷年經費收支決算之餘絀。

2.本期餘絀：本年度經費收支決算之餘絀。

# 四、收入類會計科目及說明

## (一)入會費

會員入會時，依章程規定一次繳納之會費。

## (二)常年會費

會員依章程規定繳納之常年會費（工商團體為甲類、乙類常年會費）。

## (三)事業費收入

其總額及每份金額應由會員（會員代表）大會決議，報請主管機關轉由目的事業主管機關核准徵收之事業費。

## (四)捐助收入

由會員自由捐助或經主管機關核准向外募捐款物，其細目分為：

1.會員捐助收入：由會員自由捐助。
2.其他捐助收入：其他個人或團體之捐助。

## (五)補助收入

政府或其他團體補助之收入，其細目分為：

1.政府補助收入：經政府核准補助之經費。
2.其他補助收入：接受其他有關補助。

## (六)委託收入

接受有關機關團體委託舉辦業務之各項收入。

## (七)會員服務收入

提供會員服務之收入。

## (八)專案計畫收入

舉辦專案計畫之收入。

## (九)利息收入

各種款項存儲行庫或郵局所取得之利息收入（專戶存儲之基金利息除外）。

## (十)雜項收入

不屬於上列之各項收入（社會團體部分可稱為其他收入）。

# 五、支出類會計科目及說明

## (一)人事費

工作人員薪給及其他補助費獎金等，其細目舉例如后：

1.員工薪給。

2.職務加給。

3.兼職人員車馬費。

4.保險補助費。

5.考核獎金。

6.不休假獎金。

7.其他人事費。

## (二)辦公費

處理會務所需之各項費用，其細目舉例如左：

1.文具、書報、雜誌費。

2.印刷費。

3.水電燃料費。

4.旅運費。

5.郵電費。

6.大樓管理費。

7.加班值班費。

8.租賦費。

9.修繕維護費。

10.財產保護費。

11.公共關係費。

12.人事查核費。

13.其他辦公費。

## (三)業務費

辦理業務所需之各項費用，其細目舉例如左：

1.會議費。

2.聯誼活動費。

3.業務推展費。

4.展覽費。

5.考察觀摩費。

6.會刊（訊）編印費。

7.調查統計費。

8.接受委託業務費。

9.內部作業組織業務費。

10.研究發展費。

11.社會服務費（適用於社會團體）。

12.其他業務費。

## (四)購置費

　　購置會所之土地、房屋及建築、機械及設備、儀器設備、交通運輸設備及雜項設備等所需之各項支出，並依固定資產科目分列細目。

## (五)繳納上級團體會費

　　依規定加入上級團體為會員所需繳納之入會費及常年會費。

## (六)繳納其他團體會費

　　依實際需要加入國內團體或國際團體所需繳納之入會費及常年會費。

## (七)捐助費

　　經主管機關核備之捐助支出。

## (八)專案計畫支出

　　推動專案計畫所需費用。

## (九)社會服務

　　社會公益活動費用（適用於工商團體、自由職業團體）。

(十)雜項支出

不屬於上項之各項支出。

(十一)預備金

預算外需要支出之預備金。

(十二)提撥基金

依規定應提撥之準備基金。

1.會務發展準備基金。
2.退撫準備基金。

以上所述之各項會計科目，各團體作帳時，可以依據各團體會計年度內發生的會計事項，分別檢附原始憑證，依時間先後順序登記入日記簿、總分類帳等簿籍，以作為年度終了時編造各種會計報告之依據。

會計年度終了時，應將一年內團體所發生會計事項登記之會計科目，分門別類，依照會計原理、借貸關係結算，以編具年度收支決算表、資產負債表、現金出納表、財產目錄及基金收支表等，作為年度之財務報告。

# 參、會計簿籍與會計憑證

人民團體會計簿籍可分為帳簿與備查簿。帳簿係簿籍之記錄，為提供編造報告表事實所必需。備查簿係簿籍之記錄，為便利會計事項之查考或會計事務之處理。

## 一、會計簿籍

包括：

1. 日記簿（如表7-6）。
2. 總分類帳（如表7-7）。
3. 財產登記簿（如表7-8）。
4. 明細分類帳（如表7-9）。

年度預算金額在新台幣 百萬元以下之人民團體，得僅置日記簿乙種，其有財產之購置或處分者，另置財產登記簿。

## 二、會計憑證

分為原始憑證與記帳憑證。原始憑證是證明會計事項之經過，為記帳憑證所根據；包括下列各種：

1. 現金、票據、證券等之收付移轉單據。
2. 收據簿。
3. 員工薪津支給單據。
4. 出差旅費報告單。
5. 存款提款等憑證。
6. 發票、收據、契約定貨單。
7. 財產毀損報廢表。
8. 收支預算表。
9. 支出證明單。
10. 法令、決議等可資證明各項會計事項發生經過之有關單據。

表7-6 日記簿

團體名稱
日記簿

中華民國　　年度　　　　　　　　　　　　　　第　頁

| 年 月 日 | 憑證號數（憑單號數） | 會計科目 | 摘要 | 分頁 | 借方 金額 | | | | | | | | | | 貸方 金額 | | | | | | | | | |
|---|---|---|---|---|---|---|---|---|---|---|---|---|---|---|---|---|---|---|---|---|---|---|---|---|
| | | | | | 千萬 | 百萬 | 十萬 | 萬 | 千 | 佰 | 十 | 元 | 角 | 分 | 千萬 | 百萬 | 十萬 | 萬 | 千 | 佰 | 十 | 元 | 角 | 分 |
| | | | 本日合計 | | | | | | | | | | | | | | | | | | | | | |
| | | | 昨日結存 | | | | | | | | | | | | | | | | | | | | | |
| | | | 本日結存 | | | | | | | | | | | | | | | | | | | | | |
| | | | 總計 | | | | | | | | | | | | | | | | | | | | | |

說明：

1. 此簿須根據傳票按日登記之。
2. 每日傳票登記完畢後，應作四柱結帳法，將借貸兩方各予相加，分別登入「本日合計」相當欄，將昨日經費貸存數登入「昨日結存」借方相當欄，借方「本日合計」數與「昨日結存」借方「本日合計」數，即爲「本日結存」數，登入貸方「本日結存」借方相當欄內，應以紅（藍）字表示之，然後再加結總，其借貸兩方之數應相等。

表 7-7　總分類帳

團體名稱
總分類帳
中華民國　年度　　第　頁

會計科目

| 月 | 日 | 摘　要 | 日記簿頁數 | 金　　　額 | | | |
|---|---|---|---|---|---|---|---|
| | | | | 借方 | 貸方 | 借或貸 | 餘額 |
| | | 本 月 合 計 | | | | | |
| | | 本 月 累 計 | | | | | |

說明：

1. 此帳以科目為主，每一科目設立一戶，依日記簿過入此帳。

2. 開帳時須將所屬年度及科目一一填明。

3. 每月結算一次，結算時先於末一筆帳之下一行「摘要」欄內書「本月合計」四字，將借貸兩方總數書於各該之向方行內，再將本月之「本月合計」與上月之「本月累計」相加書於本月之「本月累計」欄。

人民團體經營管理

## 表7-8 財產登記簿

團體名稱
財產登記簿
中華民國　年度

符　　號 ────
統制科目 ────
明細科目 ────

| 月 | 日 | 摘要 | 原始憑證 | | 增加財產數量及金額 | | | | 減少財產數量及金額 | | | | 現有財產數量及金額 | | | |
|---|---|---|---|---|---|---|---|---|---|---|---|---|---|---|---|---|
| | | | 字 | 號 | 數量 | 單位 | 單價 | 金額 | 數量 | 單位 | 單價 | 金額 | 數量 | 單位 | 單價 | 金額 |
| | | | | | | | | | | | | | | | | |
| | | | | | | | | | | | | | | | | |

說明：

1. 財產登記簿以財產科目為主，每一科目設立一戶，財產之購入轉移毀損變賣均應記入本簿內。
2. 記帳時先將機關名稱年度科目及符號頁次填明，次將發生事項日期填入「月日」欄內，發生事由填入「摘要」欄內，原始憑證之種類號數記入「原始憑證之種類號數」欄內，財產增加之數記入「增加財產」欄內，減少或毀損之數記入「減少財產」欄內。
3. 「增加財產」減去「減少財產」後之餘額即為該科目現有財產，填入「現有財產」欄內，年終之財產報告根據此簿編製之。

表7-9 明細分類帳（以收入預算明細分類帳為例）

全年度預算數
追加全年度預算數
追減全年度預算數

團體名稱

收入預算明細分類帳

中華民國　年度

項別：
目別：
第　頁

| 傳票號數 | 月 | 日 | 摘要 | 原始憑證 | | 收入分配數 | 實收數 | 未收分配數 |
|---|---|---|---|---|---|---|---|---|
| | | | | 種類 | 號數 | | | |
| | | | 本月合計 | | | | | |
| | | | 上月累計 | | | | | |
| | | | 本月累計 | | | | | |

說明：

1. 明細分類帳係對於特種事項為明細分類事項為明細分類分戶之發記，以編造會計報告為主要目的所設，包括收入明細帳、支出明細帳、經費明細帳、財物明細帳及其他有關於特種事項之明細帳。

2. 此帳例以收入項目為主，依收入預算目別分類，根據傳票及原始憑證登記之，開帳時須將所屬全年度暨全年度按定預算之項目一一填列，如預算有追加（減）情事，亦應隨時填明。

3. 每月初依照收入預算分配表將該月份分配數登記於「收入分配數」欄內，並於月日欄內填明記帳之月日，摘要欄內填「本月分配數」字樣，原始憑證種類欄內填「分配表」字樣，如有追加（減）預算分配數應用紅字填列，至實收之數額應領根據收入傳票所附原始憑證「本月份追加（減）預算分配數」字樣，退還歲入款項時則用紅字填列，至月中遇有實收收入分配數時，則用紅字填列「實收數」欄內，金額逐張記載於「實收數」欄內，退還歲入款項時則用紅字填列，退還歲入款超過歲入分配數時，金額逐張記載於「實收數」欄內。

第七章　人民團體財務處理的要領

11.其他書表憑證單據。

　　前項各款原始憑證之格式，已有規定者應依其規定，其餘由各該團體依事實需要自行設計。

　　記帳憑證乃是證明處理會計事項人員之責任，爲記帳所依據，包括下列各種憑證：

1.收入傳票：團體所發生之各項收入，依會計事項所應作之傳票（如表7-10）。

2.支出傳票：團體所發生之各項支出，依會計事項所應作之傳票（如表7-11）。

3.轉帳傳票：團體所發生之非現金及其他有關之轉帳收支，依會計事項所應作之傳票（如表7-12）。

# 肆、簿籍組織系統

　　人民團體財務處理的簿籍組織系統，會計處理的記帳程序，亦即將團體每天所發生之會計事項取得之原始憑證，依時間先後作成傳票分別登入日記簿，總分類簿或其他簿籍以作成各種財務報告。爲瞭解團體的財務狀況，關於其組織系統可由圖7-1說明之。

1.會計事項是指各團體每天在經濟行爲中能以貨幣數量來表示其價值者均屬之。經濟行爲乃是現金的出納、物貨的接受、債務的消長及損失利益的發生。

2.原始憑證是物貨接受取得之憑證，爲編製傳票之依據，並作財產登記簿等登記之憑證。

3.傳票是依據原始憑證作成會計科目記載說明，以證明處理

表7-10 收入傳票

團體名稱

收入傳票

中華民國　　年　　月　　日

總號：
分號：

| 會計科目 | 日 | 摘要 | 原始憑證 | | 金額 |
|---|---|---|---|---|---|
| | | | 種類 | 號數 | |
| | | | | | |
| | | 合計 | | | |

團體負責人：　　　秘書長或總幹事：　　　會計：　　　出納：　　　製表：

說明：

1.凡與現金或銀行存款有關之收入，填製此傳票。

2.製表人應將製票之日期填入製票之年月日行內，並按製票之號次編號。

3.出納員應將收款到款項之日期填入收款之年月日行內，並按當日收款之號次編號。

4.總分類帳戶之名稱填入會計科目欄，詳細事實填入摘要欄，應收金額填入金額欄，憑以製票之原始憑證種類號數填入各該專欄。

5.本傳票上並列製票日期及出納人員收款日期，以求記帳日期之劃一，凡與現金出納有關之收入帳目，其經帳日期一律依照現金收入帳目。

133

第七章　人民團體財務處理的要領

人民團體經營管理

表7-11　支出傳票

團體名稱
支出傳票
中華民國　年　月　日

總號：
分號：

| 會計科目 | 摘要 | 原始憑證 | | 金額 |
|---|---|---|---|---|
| | | 種類 | 號數 | 額 |
| | | | | |
| | | | | |
| | | | | |
| 合計 | | | | |

國體負責人：　　秘書長或總幹事：　　會計：　　出納：　　製表：

說明：

1.凡與現金或銀行存款有關之支出填製此傳票。

2.製票人應先將製票之日期填入製票之年月日行內，並按製票之號次編號。

3.出納員應將付出款之日期填入款付記之年月日行內，並按當日付款之號次編號。

4.總分類明細分類帳戶名稱填入帳之會計科目欄，詳細事實填入摘要欄，應付金額填入金額欄，憑以製票之原始憑證種類號數填入各該欄。

5.本傳票內並列製票日期及出納付款日期，以求記帳日期之劃一，凡與現金出納有關之支出帳日期，一律依照現金支出帳日期。

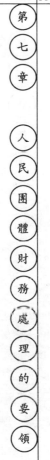

表7-12 轉帳傳票

團體名稱
轉帳傳票
中華民國 年 月 日

| | | 總號 |
|---|---|---|
| | | 轉帳號數 |

（借方）

| 會計科目 | 摘要 | 金 額 | | | | | | | | | | |
|---|---|---|---|---|---|---|---|---|---|---|---|---|
| | | 億 | 千 | 百 | 十 | 萬 | 千 | 百 | 十 | 元 | 角 | 分 |
| | | | | | | | | | | | | |
| | | | | | | | | | | | | |
| 合 計 | | | | | | | | | | | | |

（貸方）

| 會計科目 | 摘要 | 金 額 | | | | | | | | | | |
|---|---|---|---|---|---|---|---|---|---|---|---|---|
| | | 億 | 千 | 百 | 十 | 萬 | 千 | 百 | 十 | 元 | 角 | 分 |
| | | | | | | | | | | | | |
| | | | | | | | | | | | | |
| 合 計 | | | | | | | | | | | | |

團體負責人： 秘書長或總幹事： 會計： 出納： 製表：

說明：

1.凡非現金收入事項及其他有關之轉帳收支，填製此傳票，並製收（付）記兩種顏色印製。

2.製票人應將製票票之日期填入製票票之年月日行內，並按製票之號次編號。

3.出納員應將收到（付出）款之日期填入收（付）款之年月日行內，並接當日收。

4.總分類帳戶名稱填入會計科目欄，詳細事實填入摘要欄，應收（付）金額填入金額欄，憑以製票之原始憑證種類就數填入各該事欄。

5.本傳票內並列製票日期及出納員收（付）帳日期之劃一，以求記帳日期與有關之收（付）帳日期，一律依照現金收（付）日期。

圖7-1　簿籍組織系統

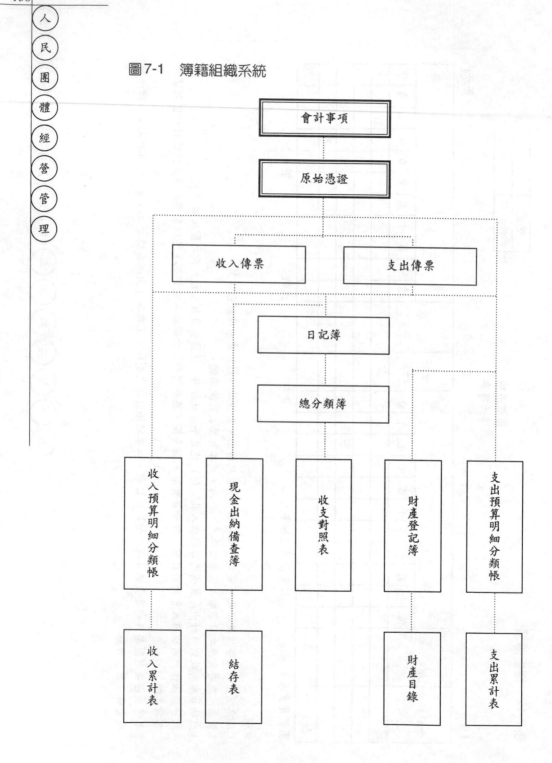

會計事項人員之責任，而爲記帳之根據。

4.其餘如收支預算明細分類帳、現金出納備查簿等可依照各團體財務的繁簡斟酌採用。

# 伍、預（決）算編審

預（決）算的編審是決定團體業務發展方針與組織功能發揮的主要關鍵。

## (一)預算之編審

人民團體應於每個年度開始前二個月內編具下年度工作計畫、收支預算表（如表7-13），連同工作人員待遇表（如表7-14）提經理事會通過後送請監事會（或監事）審核，監事會（或監事）應將審核情形造具審核意見書，送還理事會提經會員（會員代表）大會通過後，於下年度開始前報請主管機關核備。如會員（會員代表）大會未能及時召開，應先報備主管機關，事後再提報會員（會員代表）大會追認（社會團體可先經理監事聯席會議通過，陳報主管機關，並於事後提報會員（會員代表）大會討論通過再報主管機關核備）。

## (二)決算之編審

人民團體應於年度終了後二個月內編具當年度工作報告、收支決算表，連同現金出納表、資產負債表、財產目錄及基金收支表提經理事會通過後，送請監事會（或監事）審核，造具審核意見書，送還理事會，提經會員（會員代表）大會通過後，於三月底前將上列各種表報資料，報請主管機關核備。如會員（會員代表）大會未能及時召開，應先報備主管機關，事

人民團體經營管理

表7-13 收支預算書

團體名稱
支出預算表
中華民國 年 月 日至 年 月 日止

第 頁

| 科目 | | | | 預算數 | 上年度預算數 | 本年度與上年度預算比較數 | | 說明 |
|---|---|---|---|---|---|---|---|---|
| 款 | 項 | 目 | 名稱 | | | 增加 | 減少 | |
| 1. | | | 本會經費收入 | | | | | |
| 2. | | | 本會經費支出 | | | | | |
| 3. | | | 本期餘絀 | | | | | |

團體負責人：　　秘書長或總幹事：　　會計：　　出納：　　製表：

說明：
1. 收支預算表之科目根據現定辦法所訂收入類與支出類之會計科目依序編列。
2. 說明欄應詳細編列說明之法令、章程或議決事項之標準及其金額。

表7-14 工作人員待遇表

團體名稱

工作人員待遇表

年 月 日 第 頁

| 職稱 | 職等 | 職級 | 薪點 | 姓名 | 性別 | 出生年月日 | 出生地 | 到職年月日 | 月支薪餉 | 主管加給 | 其他 | 合計 | 蓋章 | 說明 |
|---|---|---|---|---|---|---|---|---|---|---|---|---|---|---|
| | | | | | | | | | | | | | | |
| | | | | | | | | | | | | | | |
| | | | | | | | | | | | | | | |
| | | | | | | | | | | | | | | |

團體負責人：　　　　　秘書長或總幹事：　　　　　會計：　　　　　製表：

說明：

1. 工作人員待遇表應依照有關團體會務工作人員管理辦法規定填寫。

2. 說明欄應說明每一人員薪點及薪點準之標準值及其他應說明事項。

後再提報會員（會員代表）大會追認（社會團體可先經理監事聯席會議通過，陳報主管機關並於事後提報會員（會員代表）大會討論通過再報主管機關核備）。

### (三)興辦事業預（決）算之編審

工商團體興辦事業時，應另立會計，其事業之收支預（決）算表須根據實際需要獨立編造，送監事會審核後提報會員（會員代表）大會，並分報主管機關及目的事業主管機關備查始可為之。

# 陸、財產管理與財務會計處理準則

## 一、財產管理

其範圍包括固定資產之登記、增置、減少、處分及保管運用等有關處理程序事項。

人民團體房地產之購置、出售、轉讓或抵押，應經會員（會員代表）大會通過，報請主管機關核准後始得處理，但如遇有特殊需要，得經會員（會員代表）大會授權理監事會議通過，報請主管機關核准後先行處理，再提報會員（會員代表）大會追認。房地產之購置，並應將所有權狀影本，報請主管機關備查。

人民團體購置財產時，應依照第三節所述會計簿籍所規定財產登記簿，予以登記並分類編號粘訂標籤或設定明顯標誌。

## 二、財務會計處理準則

　　人民團體之財源主要取之於會員，因此對財源經費與會計處理必須有一定的準則作為收取經費的依據與標準，以免團體巧立名目加收任何費用，或濫用團體經費侵占團體會員利益。茲依據人民團體財務處理有關法令之規定詳細說明如下：

### (一)會員入會費之繳納

　　依下列標準訂入章程徵收之。

1.甲類常年會費無等級規定者，徵收入會費不得超過全年甲類常年會費總額之半數。

2.甲類常年會費有等級規定者，徵收入會費不得超過中間等級全年甲類常年會費總額之半數（工商及自由職業團體適用）。

### (二)會員常年會費之繳納

　　分甲、乙兩類，均應訂入章程由會員按月或分期繳納，其標準如次：

1.甲類常年會費：依會員資本額、營業額、生產工具、工人數額或產品數量為計算標準。

2.乙類常年會費：於會員入會費及甲類常年會費收入不足時，按會員等級或其他方式計算，並報請主管機關核准（工商團體及自由職業團體適用）。

### (三)會員事業費之繳納

　　於退會時，不得請求退還。又工商團體及自由職業團體興

辦事業時，應另立會計。

## (四)準備基金之提存標準

工商及自由職業團體與社會團體不同，分別如次：

### 1.工商團體及自由職業團體：

(1)會務發展準備基金：按預算收入總額百分之四至百分之十範圍內逐年提列。

(2)退撫準備基金：按全體工作人員一至二個月之薪給總額逐年提列。

### 2.社會團體：按預算收入總額百分之五以上逐年提列。

## (五)累提基金及其孳息之處理

人民團體之歷年累提基金及其孳息均應按其用途專戶存儲，非經理事會通過，報請主管機關核准，不得擅先動支；又人民團體之以前年度決算結餘，得作為下年度支出之財源使用。

## (六)業務費與辦公費支出之比例

人民團體年度業務費與辦公費支出不得少於總支出百分之四十。

## (七)會計之計算

人民團體會計之計算，以新台幣元為記帳單位，如屬外幣應折合台幣元為記帳單位。

## (八)經費之管理

人民團體經費收入，除週轉金外應存入行庫或郵局，不得

存放於其他公私企業或個人，並以隨收隨存為原則。週轉金不得超過新台幣五萬元（社會團體為三萬元），於經理事會通過後交財務人員保管。日常開支金額每筆在新台幣五千元以下時，可在週轉金項下以現金支付，超過新台幣五千元者，應以劃線抬頭支票支付受款人，不得使用現金。

## (九)收據之掣給

經費收入均應掣給正式收據，並留存根備查。提用存款時，應由團體負責人、秘書長或總幹事及財務人員於領款憑證上共同蓋章。

## (十)理監事之酬勞

團體理監事均為義務職，非有特殊需要，報經主管機關核准，不得支領任何費用。

## (十一)分支機構之財務處理

團體常設之辦事處、委員會、小組或其他作業組織，其財務應由各該團體統收統支，不得另編年度收支預（決）算。

## (十二)出席費及交通費之發給

人民團體舉行各種會議，其出席人員均不得支領任何費用，但理監事出席理監事會議執行職務，得由團體視其財力，參照政府機關所訂標準酌發出席費或按其交通工具憑票證酌發交通費。

## (十三)實報與公告

團體對處理財務收支，不得有匿報或虛報情事，其會計表報並應定期公告。

(十四)檔案保管

團體對財務上各種憑證、帳簿、表報等之檔案保管應依表 7-15所列規定辦理。

# 柒、財務人員與查核

人民團體的財務人員，包括會計、出納、及財務管理人員，而要使各團體財務能夠健全發展，對會計、出納、財務管理人員必須以專人處理爲原則，如團體工作人員編制不足時，得由其他工作人員具有專業技能者兼辦之。

表7-15　人民團體對財務處理各種憑證、帳簿、表報等檔案保管之規定

| | |
|---|---|
| 永久保管 | 1. 年度預（決）算案。<br>2. 各項基本之籌集、存儲及動支案件。<br>3. 財產目錄、登記簿及毀損報廢表。<br>4. 各種財產契約及權狀。<br>5. 不動產之營繕案件。<br>6. 財產之增減及其產權之變更案件。<br>7. 資產負債表。<br>8. 其他須供永久查考之財務案卷。 |
| 保管十年 | 1. 經費收支帳冊、傳票、憑證、備查簿。<br>2. 總分類帳、明細分類帳。<br>3. 其他可供十年內查考之財務案卷。 |
| 保管五年 | 1. 各種臨時憑證。<br>2. 短期借貸款項案卷。<br>3. 其他可供五年內查考之財務案卷。 |
| 保管三年 | 各種日（月）報表及其留底。 |
| 備　　註 | 已屆滿規定保管年限之財務檔案，經監事會點驗後得予銷毀，其有特殊原因，得將保存年限經理事會、監事會通過後延長之，並報主管機關備查。 |

對於人民團體之財務查核是主管機關之權責，財稅機關如欲查核必須會同主管機關始得為之。

人民團體平時對於財務之查核，由各該團體監事會（會議時）為之。主管機關得定期（或臨時）查核各團體的財務，以加強各團體平時對經費開支的控制與會務的發展，促進團體對會員福利與服務之增進。主管機關查核各團體之財務，必須事先通知受查核之團體並說明原由、時間及應準備查核之資料，各團體在主管機關查核時，其有關財務人員應在場說明，以增進主管機關對各團體財務之瞭解，並共同研討改進之意見，俾增進各人民團體財務之健全處理。

# 捌、結語

人民團體財務會計制度不健全常為人民團體滋生弊端，糾紛迭起的主要原因；為使人民團體的財務收支及其他的財務處理走上軌道，團體的財務狀況應屬行經費公開；對於經費處理務求撙節開支，合理分配，所有收、支、存、稽均應嚴格執行，加強監督管理；務使團體經費能夠處理得當，將全部經費均用之於為會員謀求福利，促進團體發展，而有利於社會國家的用途。關於「人民團體財務處理之要領」，係為加強人民團體工作人員的職責，並增進其對團體財務之瞭解，依據人民團體財務處理之有關法令，研討分析，引述而來；期能有助於人民團體財務人員相互研究及處理財務的參考。其內容與規定著重於人民團體財務處理實務方面的探討與法令規定的說明，如有出入，仍應以法令規定辦理。但願能藉拙著獲得拋磚引玉的作用，促使人民團體的財務處理能更臻於健全，並喚起人民團體的財務人員共同為促進人民團體財務健全而努力；則不但團體

及會員受益，社會國家亦將蒙受其惠。

## 參考資料

一、工商團體財務處理辦法（內政部78.6.21（78）第六九八八五五號令修
　　正公布）

二、社會團體財務處理辦法（81.7.30內部台（81）內社字第八一八五三九
　　六號令修正公布）

# 第八章

## 人民團體領導人物應有的體認

# 壹、引言

人民團體是社會組織中最重要之一環，其產生的因素不外乎：

## (一)為著解決共同的問題及滿足共同的需要

社會愈進步，社會問題愈複雜，個人的需要也愈多；然而問題有其普遍性，需要亦有其共同性；具有共同問題及需要的一群人，為了使共同的問題及需要獲得圓滿的解決及滿足，常感孤掌難鳴，因而乃組成團體，藉著團體的力量以達到共同的目標。

## (二)為著迎合競爭性的要求

水往低下流，人往高處爬，生存競爭，優勝劣敗，人人皆有好勝的本能；而且生存在社會中，任何人都不甘落人於後，甚至想高人一等；如要以競爭獲取勝利，常感個人力量不足，因而乃組成團體，藉著群眾的力量以作為抗爭的工具。

## (三)為著滿足強烈的支配慾

物質有限，慾望無窮，在經濟上人有財富的慾望；在政治上人有權力的慾望；在社會上人有名位的慾望；這些慾望的滿足，常非一盤散沙，毫無組織的弱者所能達及，因而乃組成團體，藉著強而有力的多數人，匯成集體的強大力量，以達到支配慾的滿足。

### (四)為著聯絡感情並相互照顧

離開家土的鄉親，志趣相同的同業，四處散居的宗族，勞燕分飛的校友；大家由於工作上的關係，常難相聚，但操業之餘，休閒之際，常感鄉親、同窗、宗族及同行情誼聯繫之重要，因而乃組成團體，藉著團體的力量聯絡感情，並進而相互照顧。

人是社會的動物，亦是群居的動物，人不能一刻離開團體而生存，古時候人如此，現代人尤其如此。荀子說：「人，力不若牛，走不若馬，而牛馬爲用何也？曰，人能群，彼不能群也。」所以，「人生不能無群。」就是人類必須在團體中才能生存，才能發展，足見團體對個人的重要性。一個團體組織的健全發展與否，固然端視組織的成員是否彼此萬衆一心，通力合作；但領導人物之是否發揮其領導功能，更爲團體健全發展的要件。

# 貳、領導人物的功能

領導人物的功能係指一個新的領導人物應該滿足許多複雜的角色，有的功能在某一團體中是重要的，而有的功能在另一團體是重要的，概括言之，人民團體領導人物應有下列數種重要的功能：

### (一)領導人物是團體的最高行政者

領導人物最首要的角色就是團體活動的協調者，他本人雖未必是政策的決定者，但至少也應該監督政策的執行。領導人物並非凡事一人爲之，而是將事務委諸團體成員分別去執行；

有的領導人物較爲霸道，凡事一把抓，不願把權力授予他人，而本身又無暇兼顧團體的事務，放手不問，結果問題重重，無法解決；或是阻礙成員的發展，或是影響團體的運作，這都是領導人物所應忌諱的。

## (二)領導人物為團體目標與政策的釐訂者

任何團體不論其會員多少，亦不管其成立時間之長短，都必有其目標與政策，通常團體的目標與政策的來源有三：(1)來自團體之上，即是從更高的官員或領導人物而來的，(2)來自團體之下，即是從團體成員建議而來的，(3)來自領導人物本身，即是從領導人物本身創造出來的。充當團體的領導人物重要的功能之一，就是要能確定團體的目標與政策，及擬訂達成目標與執行政策的方法與步驟；領導團體成員互助合作，協調配合，爲達到共同的目標與政策而努力。

## (三)領導人物為團體對外的代表

團體要能日漸發展，固然有賴成員的努力，但良好公共關係的建立，爭取外界的支持，常爲團體是否能夠日趨發展的重要關鍵。一個團體的成員，不可能人人都與外界發生接觸，因之領導人物爲團體對外之代表，乃爲理所當然；他是團體的發言人，對外發布或接受消息，以及建立公共關係，都應該由他擔當；所以團體的健全發展與否，領導人物的影響至鉅。

## (四)領導人物為團體內在關係的控制者

領導人物通常支配團體的結構，所以控制團體以內的關係，他的控制方式可能嚴密，也可能鬆弛，或與團體成員打成一片，不分彼此。

## (五)領導人物可以獎懲團體成員

是非善惡，獎懲分明，常爲領導人物控制成員的重要方法。領導人物可視團體成員的表現而決定是否給予他們以物質報酬、或擢升、或貶謫以控制團體的成員，蓋獎懲與升貶對團體成員極爲重要。

## (六)領導人物爲團體的仲裁者

因爲領導人物有獎懲其團體成員的權力，因此他適於作仲裁人的角色；團體成員之間如果發生糾紛或不愉、或有派系之爭，他應該是仲裁者和中間人；而應本著公正無私，守正不阿的態度，以富於極有權威性的角色，愼謀能斷地減輕或消除團體內部的派爭活動。

## (七)領導人物爲團體的一個榜樣

上樑不正下樑歪，己不立無以立人；領導人物應該作團體成員行爲的好榜樣，如此他即可具體的指出團體成員行爲的方向，要求團體成員依照團體規則行事。

## (八)領導人物代替團體成員肩負責任

團體成員素質參差不齊，有的成員獨立性很強，有的成員則依賴性很大；因此在一個團體之中常有許多依賴性較大的成員不願對自己的決定和行爲認眞負責，當其遭遇困難之際，即將其決定權交付領導者，忠貞不二的全權委託其領導人物代之解決。

## (九)領導人物爲團體意識的製造者

所謂團體意識係指團體中大多數成員所共有的信仰、價值

與規範。它是在團體互動的過程中形成的，有時其形成是為了控制成員的行為。在一個團體之中，有時候，領導人物應供給團體意識，即是說，他是每個團體成員的信仰、價值及規範的來源。無論在何種情況下，領導人物的意識或多或少可以影響成員，而且也能控制成員的意識。

### (十)領導人物在團體猶如父親的象徵，也常為替罪羊

由於領導人物具有上述種種角色，使得領導人物在團體之中猶如一個父親的象徵，因而他成為每個團體成員積極感情的集中點，也是團體成員認同、轉移、服從等感情的理想對象。更由於領導人物是團體成員積極感情的理想對象，所以他也是受挫、灰心、失意等團體成員的攻擊之的；尤其是認真負責的領導人物，當其失敗之際，他即會想到別人對他的責備。所謂替罪羊，就是指當團體內部發生衝突時，團體成員將攻擊之重點集中於團體當中某幾個人或某些次團體之意。

# 參、領導人物的任務

決定團體目標，釐訂團體政策，鼓勵團體成員，振奮團體精神，謀求團體福利，及健全團體發展，都是領導人物所應努力以赴的任務，扼要言之，團體領導人物的任務不外下面幾項：

### (一)致力瞭解成員需要

社會團體工作家威爾遜和芮德蘭兩氏認為人類組成團體的動機大約為：求保障、探險或求新經驗、處理或治療、促進、諮詢、行政、管理、教育、聯繫及合作與計畫等十種。人民團

體既爲特定的一群民眾，依據法令規定，基於共同需要而組成的自由意志的結合；身爲團體領導人物，當應深入瞭解成員組織團體的動機，參加團體的目的，針對其事實上之需要，對症下藥，力求滿足成員的基本慾望，而爭取成員對團體的信心、賴心、與向心。

## (二)關懷成員困難問題

人民團體的領導人物是由團體成員憑著自由的意志投票選舉而產生的。團體成員之所以會推選他爲領導人物，或認爲他具有領導的才能足以領導所有成員達成共同的目標；或認爲唯有在他的領導之下，成員們的困難問題始能獲致圓滿的解決；因此團體的領導人物應隨時注意並關心成員的動態，當成員遭遇困難問題時應立即設法爲之解決，並隨時都以謀求成員福利爲工作要務；如此必能達到「君待臣以禮，臣事君以忠」及「君視臣如手足，臣視君如心腹」的理想境界。

## (三)重視分層負責

分工是專精，合作是凝聚。領導人物不可事無鉅細，一手包辦，應該本既有的團體成員，適才分工，讓人人都能覺得受重視，能夠有貢獻，以誠摯的態度共信。因此成功而有經驗的領導人物應該重視分層負責，靠服務爭取權威，喚起團體成員一致的共鳴，促使其認識團體的目標，發揮整體力量，圓滿達成團體所賦予的任務。

## (四)促進成員互助合作

合作是指兩個以上的人爲著達到某種共同的目的，將其活動互相配合，彼此互相協助。人民團體的組成是由於一群民眾爲著某種共同的目標而結合的，爲了促使參加團體的成員達成

共同的目標，領導人物必須胸襟開闊，兼容並蓄，融己見於群體之中；促使團體成員彼此互助合作，發揚團隊精神，萬眾一心，努力不懈，爲團體共同的目標而邁力。

## (五)透過活動參與培植優秀幹部

人民團體的生命在活動，人民團體設立的目的也在活動；不活動無須組織團體，沒有活動團體必形同虛設；故團體發展的媒介和工具，就是活動。而號召參與，安排運用是高度藝術，作爲一個領導人物，知人、敬人、用人是很重要的，所以具有遠見的領導人物除了應該專心於團體活動的發展，更應實際參與團體的各項活動；於是如能憑活動的得失，深自體悟，培植勝過自己的優秀幹部，必可化阻力爲助力，而有助團體的發展。

## (六)勇於肩負成敗責任

論及責任，兼指體諒、啓發及承擔三種不同的意義；體諒的行爲，主要是賦予團體成員一種動機，以便使之接受團體的目標，達成團體的預期任務；啓發的行爲，主要是確定達到團體目標的方法，使團體的活動彼此聯繫配合；而承擔的行爲，主要是肩負團體發展成敗之果，安危之險。所以，一位具有高度領導功能的領導人物應能適時體諒團體成員的需要，以整體的工作觀念爲成員著想，賞罰分明，注重團體內部關係的和睦與滿足；當團體遭遇困難問題時，必能產生機智的啓發作用，引導團體另謀發展途徑，即使失敗，亦能擔負全部責任。

## (七)由檢討得失求研究改進

檢討是手段，改進是目的；必須檢討過去，才能策勵將來；必須發現缺點，始能研究發展。明智的領導人物，對於所

領導的團體成員最有效可行而能促進團體日趨發展的方法，是感動與影響，不是控制與指揮；是服務與給與，不是弄權與佔有。所謂改變團體務先改變個人，改變個人要先改變自己；務須身先士卒，首為示範；透過集會與活動，勇於接受批評；始能凝聚眾力，影響別人，檢討評估，研究改進；進而審視團體發展的目標，力求達到團體的要求。

### (八)有效強化團體功能

整理會籍，按時選舉，積極推動會務及充實業務均為奠定團體健全的基礎。當前人民團體領導人物應該創新觀念與作風，強化溝通功能，融合成員意見，加強研究發展，發揚開拓精神；以健全團體組織，增進團體功能，促使團體達到輻射的影響作用。

# 肆、領導人物的條件

所謂領導人物的條件，主要乃在分析領導人物的個人特質；亦即分析領導在何種社會條件下才能成功，其主要的論點特別放在領導者和被領導者之間相對的人際關係。根據社會心理學家共同的見解，成功的團體領導者應該具備下列的必要條件：

### (一)要具有完全的會員資格

團體的領導人物必須具備團體成員所共有的態度或行為方式。易言之，領導人物一定必須具有團體共同認定的會員資格，他不能是局外人或旁觀者。

## (二)要成為團體全部成員理想中的人物

團體的領導人物必須具有威嚴和聲望，且須是團體推展會務業務活動或完成重要事業的主要貢獻者；領導人物如具有威望，則可通過認同作用，在領導者和被領導者之間，產生強烈的感情和結合，以維持和促進他們之間及團體成員之間的人際關係。

## (三)要對被領導者有充分的瞭解

團體的領導人物必須理解被領導者的需要、問題、態度、價值觀念、理想和目標等；這種理解，不僅可以透過理性的作法，也可運用直觀的或情感移入的方法。

## (四)要能訂定符合團體需要和目標的計畫

團體的領導人物必須配合客觀的現實狀況，訂定符合於團體需要和目標的計畫，而且最好應該能夠事先準備一個預備計畫，以備萬一實施原計畫遭遇困難問題或失敗時使用；舉凡無視團體成員需要或目標，而僅以個人利益為著眼點，獨斷獨行所產生的計畫，必為領導人物造成領導失敗的主因。

## (五)要有卓越的組織力

所謂組織力是指思想上的分析綜合與系統化及實行上有條理的分配調度與整合的能力；亦即整理思想與處理事務的才能。團體的領導人物縱然對被領導者有充分的瞭解，且也已擬訂了適當的計畫；可是團體的組織不健全，團體的成員猶如一盤散沙，意見分歧，則計畫之實施終必失敗。因此，領導人物須在經營和管理團體方面，具備能適當調適的處理能力，凡事能苦心剖析，不分鉅細；大小條理均應能做到先要擘得開，後

要拉得攏的理想境地。

## (六)要有超群的統御力

　　所謂統御力是指統率與指揮各種人才的能力；它包括選擇、錄用、訓練與任使各方面，而尤以任使為最重要。團體的領導人物是團體成員認同的對象，也是團結和維持團體生命的主腦人物；所以，他必須具有超群的統御力才能激發、指導和操縱團體的活動，也才能聯繫成員間的社會和心理的氣氛；藉此團體才能趨於穩定，並心悅誠服地服從領導人物的領導。

## (七)要有機警的決斷力

　　所謂決斷力是指遇事既能審慎體察其情勢，復能果決負責、立作決定的能力。一個團體經常會碰到意想不到的情況，有時候也很可能會遇到成員突然的反對或紛擾；領導人物平時就應意料團體可能發生的各種情況，萬一發生時更須有迅速及適切地解決不測問題的能力。

## (八)要有靈敏的應變力

　　所謂應變力是指臨危不亂、當機立斷、處事穩健、隨遇而安的能力。團體的領導人物是團體的守護者，當團體發生重大問題時，或團體有重大事情待決時，或團體與他團體在互動過程中發生爭執時，或團體成員之間權利義務發生糾纏時；凡此等等，領導人物均須扮演協調者、仲裁者及決定者的角色；面對問題，秉持沈著、穩健、不疾、不徐的態度；展現臨危不亂、當機立斷的應變能力妥為處置；讓團體成員感受到領導者確實富有緊急應變的功力，因而更加同心同德、和諧團結。

## (九)要有公正無私的專一精神

所謂公正是指處事待人，一視同仁，毫無偏私；而專一就是專心致志做事，既不紛鶩，亦不爲外物所誘。團體的領導人物既爲眾望所歸，並一致認爲唯有經由他的領導，團體的目標才能達到理想的境地，成員的慾望始能獲得合理圓滿的解決；所以領導人物應該本著公正無私的精神，以專心一意的態度爲團體的需要奔命。

## (十)要有忠實廉潔的操守

所謂操守是指不爲利誘，不爲害動而能堅持其職守之意。團體的領導人物爲眾人所託，對內主持團體一切事物，對外代表團體；如其能對於處理任何事務，均始終不渝，做到圓滿成功；不挪用公款，不假公濟私，不浪費公物，不貪財思利；臨財不苟得，見利則思義；本著只有給沒有得；只有犧牲，沒有佔有的服務態度；處處爲團體著想，事事爲成員考量，則必能贏得團體成員的向心與信心，而促進團體的和諧。

## (十一)要須熟練發揚團體士氣的方法

不斷地把團體的目標讓成員瞭解，隨時把團體目前的經營狀況及工作成果告知團體成員，強調團體所面臨的共同的威脅及可能蒙受的利害與共的問題以促進團結，盡量讓被領導者都能發揮所長擔任一定任務的角色，盡量採用民主的方式促使被領導者參與團體重要活動的決定，及尊重團體成員的自尊使其以參加團體爲榮……，都是喚起和維持團體士氣最有力的方法，領導人物如能審愼地選擇以上適於團體需要的方法善加使用，則必能使領導者的個別慾望和活動與團體的要求相調和，而促使團體的各種活動日益發展。

# 伍、結語

　　領導是一種藝術，也是一種技巧；一位明智的人民團體領
導人物，他可以善用和發揮團體成員的力量，開拓團體的目
標，達成團體的任務。領導人物必須經常向團體成員澄清目標
的核心，發展一套獲得目標的程序藍圖；注意保持團體成員間
情緒上的愉快關係，鼓勵團體成員，顧及團體動態及少數孤離
份子的心理內容；激發團體成員自動自發的工作精神，增強團
體成員間的互賴性；提供與團體目標有關的各種資料信息，並
評估團體活動的工作成果；唯如此，才能健全團體組織，強化
團體功能，發揮整體力量，貢獻社會國家。

# 第九章

## 人民團體工作人員應有的職責

# 壹、引言

　　人類愈進步，社會愈發展，團體的組織也愈多，並且愈複雜，而其範圍也愈擴大。著名社會學家墨頓（Merton）認為一個「團體」是由一群自認為同屬這個團體的人們所組成，他們彼此期望其餘成員們應有某些行為，而對外人則無此期望，這群人就被其他人定義為一個團體。派克（Park）和蒲其斯（Burgess）在《社會學導言》（*Introduction to the Science of Sociology*）一書中謂：社會團體必須「具有一致的活動」，而且此種活動必須「有意識地或無意識地朝向一個共同的目標」。民法第四十五、四十六條規定：「以營利為目的之社團，其取得法人資格，依特別法之規定；以公益為目的之社團，於登記前，應得主管官署之許可」。而「人民團體」一詞既非全指社會學上所稱的「團體」或「社會團體」，亦非泛指民法上所稱「社團法人」。所謂人民團體係指具有共同需要與興趣的一群人，依據人民團體法及各種特別法所組織而成的社會組織；人民團體的組成份子必須具有若干共同的觀念、信仰、價值和態度。

　　人民團體的工作人員是團體的中堅分子，團體組織分子心理聯繫的強弱，團體會務的發展，會員福利的謀求，組織功能的發揮，完全繫於工作人員之能否發揮敬業精神，精進工作效能；故人民團體的工作人員對團體的健全發展影響至鉅。

# 貳、工作人員應有的認知

　　人民團體工作人員在推展會務活動時，應以個人對團體所

應盡的職責爲優先，而不應斤斤計較團體對自己所給予的權利；謹就個人負責輔導團體多年的體驗，提供膚淺的看法，願共勉之。

## (一)以服務團體為榮

工作人員既爲團體所聘用，即應把團體的工作當作一種神聖的事業；抱著服務的人生觀，秉持堅忍卓絕，刻苦耐勞，先公後私及公而忘私的工作精神；以服務團體爲榮，努力爲團體效命。

## (二)展現敬業樂群的態度

團體的動力在活動，會務人員應該專心致志，勤奮負責，不論職位之高低，不計待遇之厚薄，更不考慮在職期間之久暫，既然接受職務，就應集中精神與力量，致力於各項會務活動之推展；尤應經常與會員保持聯繫，促使會員認識團體的重要性，同心協力，積極參與團體活動，以追求共同的理想目標。

## (三)堅守公正廉潔的原則

團體的工作人員與一般公務人員一樣，其收入有限，但接觸面廣；倘若不能遠離物慾的誘惑而尋求更高的人生意境，極易使自己的清譽受到影響。故工作人員應清清白白的做人，不挪用公款；實實在在的做事，不玩弄職權。

## (四)保持超然客觀

團體的工作人員是團體經過理監事會議議決而聘用的，其主要任務乃在秉承團體各種會議之決議、理事長之指示及會員之付託爲團體辦理一切應辦事項；處理會務立場應該超然，態

度務求客觀；尤其在辦理理監事選舉之際，有關人選之安排方面，更應該保持中立，嚴防捲入派系漩渦，而免影響會務之正常運作。

## (五)服從守紀且謹守分際

服從即負責，守紀則有序。團體於會員（會員代表）大會閉會期間，理事會負責執行其職權，監事會擔負監督之責任，而工作人員必須遵照各項會議之決議，服從理監事之指揮，遵守團體之紀律，積極推展會務活動。足見，理監事有權，工作人員有能，權能必須劃分清楚，以免權能糾纏不清，影響團體秩序。

## (六)發揮協同合作精神

工作人員是團體的樞紐，務必發揮潤滑的媒介功能；對於理監事方面，應該遵照旨意，密切配合，精誠合作，協同促進團體的健全發展；至於會員方面，亦應加強心理溝通、建立共識，致力維護團體的榮譽；而有關工作人員彼此之間，更應該分層負責，忠於職守，團結合作，誠心配合，共同為團體的革新進步而努力邁進。

## (七)恪遵保密倫理

任何一個團體與個人一樣都有其特性，所謂團體特性係指一個團體有異於其他團體的特殊作為而言。個人有隱私的權利，團體亦有其不必或不願透露給其他團體或社會大眾的機密或特殊資訊；工作人員對於職務上的機密情報，應嚴守秘密，謹言慎行，其離職後亦同。

## (八)致力研究發展

社會現象，瞬息萬變，時代在變，環境也在變；工作人員務須因應變遷的需要，針對團體的狀況，對職務上有關的法令規章及業務需求，不斷地作各種專業研究，俾能推陳出新，獲得更佳的工作方案，推動團體會務的日新又新。

# 參、工作人員應有的職責

人民團體的工作人員係指團體所聘用之秘書長或總幹事，副秘書長或副總幹事，處長或副處長，組長或副組長，秘書、幹事或會計等人員而言。固然，大部分團體的工作人員均能兢兢業業，克盡職責；但不可諱言的，有些團體其工作人員或因素質較差，不能稱職，未能專心會務；或雖才智兼備，工作能力非凡，但因係兼職，缺乏充分時間兼顧會務，致使會務活動停滯不展；凡此等等均直接關係團體的發展與會員的福利；以下謹就工作人員應有的職責，略述管見，以供參考。

## (一)遵照法令規章推動會務

人民團體不論是法人或不是法人，一切均須依照相關之人民團體法令推展各項會務活動；此外，團體本身亦訂有組織章程、管理辦法、服務規則或辦事細則等；工作人員既是負責推動會務的中堅幹部，非僅應該遵守法令規章、章程及各種會議的決議，依法處理會務；對於團體訂定的一切規章，亦應確實遵守，尤須促使全體會員共同遵行。

## (二)協助會員紓解困難問題

　　組織團體旨在運用集體的力量，保障會員的權益，尤應透過團體的正常運作，滿足會員需要，解決會員問題，以贏得會員對團體的肯定與支持。團體的工作人員應該發揮主動積極的服務精神，多與會員接觸、聯繫，隨時關懷會員的心理需求，尤當會員遭遇困難問題亟待解決時，更應努力以赴，運用各種管道，協助妥善解決。

## (三)致力謀求會員福利

　　團體的會員對於團體是否能產生向心力與參與感，完全繫於團體能為會員謀求福利之多少？也繫於工作人員能為會員服務些什麼？要使會員對團體孕育強烈的向心力與參與感，工作人員對於致力會員服務，謀求會員福利方面，應多下功夫；否則會員參加團體只是繳納會費，別無任何福利可言，其對於團體之信心必逐日遞減，團體之存在，亦必日漸衰微。

## (四)強化溝通協調功能

　　工作人員在團體中是一個最佳的橋樑，也應該擔負協調的重要任務，扮演溝通的中介角色；凡是會員對團體有利的意見，應該鼓勵其坦誠的表示；對團體有害的衝突，應該避免其無謂的發生；儘量設法促使會員之間均能和諧團結，互助合作；不挑撥離間，不惹事生非；發揮團隊精神，共同為團體的整體利益而努力奮鬥。

## (五)促使團體壯大組織力量

　　團體最高的權力機構是會員（會員代表）大會，惟實際負責推展會務活動的是理、監事會；工作人員為了壯大團體的組

織力量，發揮團體的整體功能，除了個人之努力外，最主要的是要整合理監事的不同意見使其盡量趨於一致，俾使理監事顧全大局，摒除己見；不勾心鬥角，不爭權奪利；熱心會務，服務大眾，貢獻個人智慧，擴大領導功能。

## (六)有效維護團體榮譽

團體的榮譽就是會員的榮譽，團體的存在必定要能不斷地積極有所活動，更能日益地蓬勃發展，團體的存在才有價值，團體的榮譽始能維護。工作人員是團體推展會務的主要動力，團體之能否受到社會的肯定，端賴工作人員對團體所付出之努力程度如何，故工作人員應把服務團體當做一種神聖的事業，全心投入，全力以赴，促使團體的會務活動質量日漸增加，團體的聲望才能日漸成長、茁壯。

## (七)善用社會資源

工作人員是會員、團體與政府之間的橋樑，為了協助會員解決困難問題，謀求會員福利，工作人員必須與有關機關及團體建立良好的公共關係，並認識可資運用的社會資源；如此當團體或會員發生疑難問題亟待解決時，即能借助平日良好的公共關係，並善加運用社會資源之支持，迅速為團體及會員謀求解決之途徑。

## (八)協助政令推行

團體的存在，除了旨在保障會員權益，增進會員福利外；更重要的是，當政府推行重要政令時，工作人員應該運用自己的智慧與技巧，透過各種適當的管道加強宣導與推廣，喚起會員建立共識，熱烈響應，結合全體會員之集體力量，同心同德，團結一致，共同為協助政府推行政令而實踐力行。

# 肆、結語

　　工作人員是人民團體實際負責推展會務的尖兵，亦是人民團體健全發展與否的主宰者；理監事雖是團體的領導中心，但其僅為政策方針與政策方案的決定者，真正負責推展會務的是工作人員；所以，團體組成份子的心理聯繫是否堅強？理監事的領導功能是否發揮？團體的會務推行是否積極？有否顯著績效？團體的組織是否健全？力量是否日益壯大？完全繫於工作人員是否能夠盡忠職守，認真負責，嚴守權能分際，達觀進取，為團體的整體發展充分付出心力。基此，如何加強辦理各種研習訓練，增進工作人員的法令認知與工作知能，塑造工作人員的敬業精神與工作倫理，實乃各級團體與主管機關刻不容緩的經常要務。

# 第十章

## 人民團體輔導人員應有的素養

# 壹、引言

　　人民團體係指具有共同職業、興趣、利益、信仰、籍貫或姓氏等特定的一群人，為著滿足共同的需要或解決共同的問題，依據人民團體法及各種特別法而結合的社會組織。人民團體法第三條規定：「人民團體之主管機關在中央及省為內政部，在直轄市為直轄市政府，在縣（市）為縣（市）政府，但其目的事業應受該事業主管機關之指導、監督。」由此觀之，人民團體輔導人員廣義的泛指主管機關暨目的事業主管機關等行政人員而言，此處所談的乃泛指主管機關暨目的事業主管機關負責指導、監督人民團體等有關人員。

# 貳、輔導人員應有的素養

　　人民團體之能否強化組織功能，發揮整體力量，固端賴組成份子之是否熱心參與，工作人員之是否克盡職責及領導人物之是否具有卓越的領導能力與奉獻的犧牲精神；而負責指導、監督人民團體的行政人員是否抱著協助、服務的信念，輔導得力，監督得體，當為重要的影響因素。個人負責人民團體輔導業務多年，謹就經驗所得，略述管見，期與實際從事人民團體輔導工作朋友共勉。

## (一)要有敬業樂群的服務態度

　　輔導人民團體旨在協助團體滿足或解決其個別不同的需求或問題；為求圓滿達此目的，人民團體輔導人員應不論其職位

之高低、待遇之厚薄、工作之難易、或事務之繁簡；莊敬獨立，謹言慎行，保持職業尊嚴；質樸堅持，忠心職守，工作實事求是；尤應善能且樂與各種不同性質的團體及個人相處，瞭解並發現團體不同的需求與問題，尊重其意見，表彰其特質。

## (二)要有健全的身心

健全的身心為輔導人民團體最重要的基本素養，唯有健康的身體始能產生健康的心理與好的品格。人民團體輔導任務的達成，每需輔導人員的充沛精神與堅強意志；唯如此，始能克服不分上下班，無休息假期，負排難解紛，遭非議責難的工作處境。

## (三)要有顧客導向的工作觀念

人民團體輔導之目的在協助團體，為團體而服務，因之，要有顧客導向的工作觀念。輔導人員一切應以為團體與團體份子服務為前提而不計個人得失或利害；因此，負責輔導人民團體的工作人員非具有高度的服務熱忱與無我精神，難以勝任；亦唯有抱著「以服務爭取輔導」的工作觀念，輔導人民團體始能圓滿達成事功。

## (四)要有豐富的生活常識與社會經驗

人民團體因組織宗旨及組成份子各異而有不同的特性；輔導人民團體所需接觸或處理的問題頗為複雜，工作中所遭遇者每為各種複雜的權益、名利或人生問題；輔導人員本身如無豐富的生活常識或社會經驗，常難於瞭解問題，更無法協助解決問題。

### (五)要有高度的耐心與信心

　　輔導人民團體所接觸的對象包括社會上士、農、工、商背景互異的各種人；雖大部分的團體均屬組織健全者，但仍有少數的團體，或因組成份子的意見未能溝通，或因彼此的利害關係互相衝突，或因理監事的席次爭不相讓，或因財務處理不當，常滋糾紛，釀造問題；為期化除糾紛、解決問題，人民團體輔導人員非具有高度的耐心與信心，無以應付；即使在處理問題，協調糾紛的過程中遭遇困難或挫折，甚至遭遇少數人非理的反對、懷疑、物議或批評；亦應秉持耐心，和氣誠懇；確認天下無不能解決的難事，堅定立場，勇往以赴。

### (六)要有清廉、公正的矜持

　　人民團體有的經常活動，有的向來鮮有活動；有的經費充裕，有的根本毫無經費；有的人事制度健全，有的根本無專人辦事；有的業務內容充實，有的幾無業務項目；有的完全依照規定辦理，有的屢加輔導仍未能改善；人民團體輔導人員應不論團體的狀況如何，務須堅持清白、廉潔、公正、客觀的素養與態度，不為任何物慾所引誘，不因團體大小而偏倚；更不應因其經常接觸團體或團體經費充裕，業務充實，即對團體特別禮遇；而團體經費不足未能經常活動，或團體因組成份子複雜而常滋糾紛，即對團體厭煩或態度異常；惟賴清廉、公正的矜持，人民團體輔導人員始能建立威信，為人民團體普遍敬仰，而獲輔導之功。

### (七)要有組織、應變的能力

　　人民團體輔導旨在發動與運用團體組織的力量，協調團體內部及其與其他團體的關係，以促進團體的發展，發揮團體功

能，促進社會進步及國家安全。人民團體輔導人員應具有組織與應變的能力，將各種不同性質的團體，依其組織宗旨，分別輔導，集沙成塔，化整爲零，健全組織，輔導運用；以期加強發揮組織功能，貢獻社會、國家；對於團體發展的變異性，尤應具有機智的應變力及說服的才能，鍊達進取，發掘問題，適切處理。

## (八)要展現主動、積極的作為

人民團體組織旨在活動，無活動無須設立團體；不活動根本無組織團體的必要；輔導人民團體除了應針對人民團體函報的各種資料詳加研析，以期明瞭團體的會務、業務及財務狀況外，更應主動、積極地隨時與團體取得聯繫，掌握團體的動態，洞悉團體發展的情形，俾能針對團體的實際問題與需求，給予適切地輔導；經常活動者，輔之以正確的活動目標；鮮有活動者，促其健全組織，加強會務；以期結合團體的整體力量，維護會員權益，而有助於社會、國家建設。

## (九)要避作虛偽的承諾

人民團體輔導人員最忌諱是在處理公務的過程中，對團體的要求未經考慮而遽作虛偽的承諾；人民團體爲了實踐團體的宗旨，履行團體的任務，維護團體成員共同的權益，推展團體的會務活動，常會對主管機關或有關機關提出某些相關的要求；尤其當團體內部稍有爭執時，爲了派系意氣之爭，更會提出一些請求解釋或答覆的問題；如此，人民團體輔導人員除了應該公正客觀外，最重要的是對某些請求或解釋問題應該依據法令規定，配合實際，妥善處理；但絕對避作虛偽的承諾，以免覆水難收，有損威信。

## (十)要熟悉法令規章

人民團體是依據法令而結合的社會組織，不論吸收會員、推行會務、推展業務或處理財務均須依據法令規定辦理；故人民團體輔導人員對於與團體組織與輔導有關的各種法令均應詳加研究，且能熟悉應用，以為輔導準繩；如此，積極地可輔導團體依照規定致力於其健全發展，發揮團體功能；消極地可預防或抑止團體違法行事，釀造問題。

## (十一)要善用社會資源

人民團體輔導常需配合或運用各種有關及其他社會資源，有時且需聯絡有關機關共同商議研討，以群策群力推進輔導工作。輔導人員對人民團體有關的機關及社會資源均應熟悉認識，並應發生或保持適當的關係，以便於必要時取得適當的聯繫，而有助於團體需求或問題的滿足與解決。

## (十二)要充分發揮專業精神

輔導人民團體是社會工作之一環，新社會工作的觀念不再是等因奉此、粉飾太平的閉門造車；而是精益求精的追根究源，找出癥結所在；社會工作專業體制的建立，不僅是潮流，也是需要。因此，人民團體輔導人員除了應具備豐富的生活經驗與社會常識，更應具有專業的精神，吸收專業知識，運用社會團體工作的方法與技巧，分析團體的狀況，啟發團體的活動，研究團體的發展，掌握團體的潛力；與團體建立有目的的關係，激發團體成員的情緒；號召參與，組織運用；喚起團體成員對團體的向心力，培養團體對輔導人員的信心；只有這樣，始能促使團體產生建設性的力量，直接嘉惠會員福利，間接助益社會、國家發展。

## (十三)要重視研究發展、推陳出新

研究是手段，發展是目的，求發展而不研究，則發展缺乏依據；有研究而不發展，則研究勢必落空；故二者必須密切配合，才能發揮研究發展的整體功能，而有推陳出新的工作方法。人民團體的組織旨在適應人類需求，配合國家需要，以加強社會組織，充實社會力量，安定社會秩序，促進社會進步。因此，人民團體輔導人員不能墨守成規，應付了事；而須不斷地研究發展，推陳出新；不論是法令規章或輔導方法，均應潛心研究，力求突破；針對團體的特性，分析團體的潛力，配合社會、國家的時代需要，加強發揮團體的組織功能。

## (十四)要擅用評價技巧

人民團體輔導人員必須具有評價的技巧，俾能利用團體資料，分析團體發展狀況，並協助團體檢討過去的經驗，評估會務業務工作推展的價值，以便檢討得失，策勵未來；尤其對於團體擬訂工作計畫的可行性，應依據法令，配合團體本身的實況，站在旁觀者清的立場，提供評價的建議，俾利團體推動會務，發展業務；對團體會務業務不振，久無活動者，應加強輔導促其健全組織；而其會務業務推展得力，經常活動者，應適時獎勵表揚，用資激勵。

# 參、結語

人民團體輔導人員，爲求健全團體組織，發揮團體功能，一切應以服務爲先，以輔導爲重。吾人深知，政府力量有限，民間資源無窮，人民團體是提供民間資源最主要的泉源。人民

團體主管機關及目的事業主管機關之輔導人員如能應用團體工作的專業方法，熟諳人民團體的有關法令；堅定立場，與團體建立友誼關係，則團體必能依循既定目標，實現組織宗旨，發展會務活動，產生整體力量；成為政府機關推動公共事務最為充沛的龐大助力，否則，人民團體越多，非但未必帶給政府最佳的支持力量；反而，可能越增政府煩擾的絆腳阻力。

# 第十一章

## 人民團體的角色與任務

# 壹、引言

任可一個國家和社會不論是由傳統過渡到現代，或由農業轉向為工業，或由保守劇變為開放，均是一件極其不易的事情。這項轉變過程的成功與否，一方面固然有賴政府決策階層的領導與推動，另一方面更要靠廣大民眾的支持與合作；因此，位居政府與民眾之間的中介地位的人民團體，便自然而然形成兩者之間的重要橋樑。所謂人民團體，或稱民間團體，雖其名稱各異，但所指的意義雷同；而此處所言及的「人民團體」應係專指依照人民團體法及其他有關法令之規定，經過法定程序所組成的社會組織而言。凡人民團體，不論其為職緣、地緣、血緣或趣緣的結合，對社會及國家均具有極大的影響作用。我國自台灣光復以來，政治修明、社會安定、經濟繁榮、民生樂利，固為我政府正確領導，勵精圖治所獲得的成果，但日益增加的人民團體不斷地健全組織、強化功能，發揮整體力量，協助政府推展各項建設所產生的貢獻應該也是肯定的。

# 貳、人民團體常見的共同問題

人民團體在民主政治的開放社會中，其發展情況恆被視為國家現代化的重要指標之一，近三十餘年來，我國人民團體不斷急遽增加，而由於政府機關之正確領導及部分團體負責人之熱心推展工作，許多團體的會務業務績效卓著，對國家社會所產生的貢獻，有目共睹；惟亦有部分團體，組織鬆懈、經費困難、缺乏辦事人員、會務幾近停頓，乃為不可諱言的事實；茲

綜合各種人民團體常見的共同問題擇要敘述如后：

## (一)成員缺乏參與感與責任心

非自發性團體，其成員的參與感與責任心不夠；因其對會務缺乏認識，自無參與會務興趣；既不出席會議，也不繳納會費，更談不上關心會務；凡團體組織愈大，成員的參與感愈小，責任心也愈弱。

## (二)成員對團體規則及權利義務模糊不清

多數團體的成員對團體的規則及本身的權利義務，觀念模糊不清，甚且不予重視；本身應扮演什麼角色，或團體能產生什麼功能，幾乎完全都不瞭解；因此，不注意會議的決議情形，對團體毫無向心力，心理上流於被動或依賴。

## (三)領導階層新陳代謝偏低

多數團體（除國際團體外）領導階層的新陳代謝及流動率偏低，致使團體形成或為少數人所把持壟斷；或為派系所利用等不良現象；領導階層只圖個人私利而不顧及組織及全體會員的利益。

## (四)領導階層未能善盡職責

有些團體領導階層或則消極因循忽視職責；或則素質較低，無法完成團體任務；或由於身兼數職，工作繁忙，限於時間精力，無暇照顧團體會務；或其本身事務不忙，但因對於團體組織活動既無認識，更乏興趣，只以其為社會知名之士，被人勉強拉攏擔任，徒具虛名。

## (五)工作人員未能專心會務

有些團體工作人員或因待遇微薄，另謀兼職，未能專心會務；或雖才智兼備，工作能力甚強，但未能與理監事合作，權力糾纏不清，會務推展受阻；或工作能力非凡，但因係兼職，缺乏充分時間兼顧會務，致使團體活動停滯不展。

## (六)專業工作人員缺乏

多數團體缺乏專業的工作人員，對處理團體事務缺乏專業知能，稍遇挫折，即難應付；又年輕者流動率高，在職期間缺乏敬業精神，未能為團體效命；年長者流動率低，一切工作墨守成規，交差了事，觀念陳舊，未能迎合時代需求，對團體發展毫無幫助。

## (七)重要幹部未能充分瞭解法令規定

有些團體重要幹部對團體有關法令未能充分瞭解，推行會務，隨心所欲，毫無依據；或則違背法令規定，為主管機關所不許；或則侵害會員權益，為團體成員所詬病；會務紊亂，糾紛迭起。

## (八)召開會議未能依照會議規則進行

多數團體對如何開好會議，缺乏經驗及興趣；能按照〈會議規範〉或〈民權初步〉之規則開會者寥寥無幾；各種會議往往流於形式，或則形成馬拉松式的演講會；或則成為個人式的訓話會；會而不議，議而不決，決而不行；會員既不能平心靜氣地表達自己的意見，也不能虛心地聽取別人的意見，使大多數會員不但害怕開會，甚至討厭開會，而致團體未能充分發揮培養民主素養的功能。

### (九)章程宗旨及任務未能貫徹實施

有些團體未能貫徹章程的宗旨與任務積極推展業務；任何團體不論其成立之動機何在，均必有其既定的宗旨與目標，而更應據以遵循，兼顧團體及會員的利益，積極推展各項團體本身能力所及的業務；惟有些團體成立之初，冠冕堂皇，雄心勃勃；成立之後，非但會務停滯不前，業務內容更屬空談，致使團體形同虛設，毫無存在的價值可言。

### (十)經費缺乏或經費未能有效運用

多數團體財源短絀，經費困難，影響會務業務無法推展，形成名存實亡狀態；而有的團體雖財源較佳，經費充裕，惟缺乏健全的財務會計制度及有效的監督管理辦法，以致帳務混亂，開支浮濫，弊端百出。

# 參、人民團體的角色與任務

人民團體在政治民主的現代化社會裡，扮演著多元性的角色，既可扮演政府與民眾之間溝通媒介的中介角色；又可表現其影響政府決策的利益團體或壓力團體的力量；更可承擔政府授權的委託行政事務。因此，人民團體的健全與否，不但關係人民的權益；尤其影響社會國家；分析言之，人民團體的角色與任務為：

### (一)反映的角色──表明利益

人民團體可使會員的意見和利益加以整合，透過各種傳播途徑、活動方式及選舉過程將會員的利益和主張表明出來，以

供政府作為制定政策的參據。沒有人民團體將會員的意見和利益表明出來，政府必難以達到廣納建言的目標。

## (二)溝通的角色──意見交流

人民團體居於政府與民間之間的中介地位，必然扮演二者之間的溝通角色。政府可透過團體，將要民眾做些什麼的要旨傳達給民眾，使其深入瞭解，樂於配合實施；民眾的困難與問題，亦可由團體反應給政府，獲得政府的瞭解與解決，而收承上啟下之功效。

## (三)服務的角色──謀求福利

團體的主要任務，就是要能為會員謀求福利，增進會員福祉；促使會員經由參與團體的體驗，深深感受到參加團體確實比不參加更好；如此，必能讓團體成員以參加團體為榮，熱烈參與。

## (四)激勵的角色──鼓勵進取

競爭是進步的動力，團體成員參與團體各項活動，彼此相互觀摩、比較、仿效、學習，由於成就感與榮譽感的驅使，必能激發個人更加積極進取，力爭上游，開創更璀璨、美麗的願景。

## (五)保護的角色──維護權益

團體成員的權益端賴透過團體的努力經營予以維護；當團體成員的權益受損時，由於個人的力量有限，常須借助團體發揮集體交涉的功能，與相關單位協商，或向政府機關陳述，始能達到目的；因之，維護權益乃團體所應致力的積極任務。

## (六)調處的角色──紓解爭議

團體當會員與會員之間，或會員與其他團體之間，因為利益衝突發生爭議時，團體應為最主要的調處機構。因為，任何一個團體均應負有為會員排難解紛、化解爭議的任務。尤其當團體本身的成員之間發生爭執時，團體更應站在客觀、公正的立場，扮演和事佬的角色，有效協助紓解。

## (七)輔助的角色──協助施政

福利國家的政府，人民的需求日益增加，政府的職能也日益擴大；而各級政府機關無法鉅細靡遺，面面顧及；則人民團體不但負有承擔政府授予委託公共事務的任務，更具有輔助政府業務不足的功能；基此，團體為能針對事實需要，貢獻力量，必能善盡其對社會、國家的義務。

## (八)和諧的角色──調和關係

民眾組織團體，由於活動形態的擴展，使人民團體關係日趨密切；在社會互助的過程中，透過彼此意見的交換，觀念的溝通，奠定了社會各階層和諧協調、相輔相成的基礎；對於調和人際關係，建立祥和社會，提供了無形的支持力量。

## (九)教育的角色──增進知能

教育不但可變化個人氣質，尤可充實生活內涵；如能透過團體加強辦理教育訓練，則必能讓團體成員培養理性認知，增廣社會見聞；尤可形塑團體意識，強化團體成員的凝聚力與歸屬感。

## (十)促進的角色——安定社會

在政治民主的開放社會中，人民享有自由發展的空間；人民團體是由具有共同理念、信仰、志趣與利益的一群人，為達成共同的目標而組成的集合體；彼此之間由於心理互動的關係，必然產生休戚與共的價值觀；進而促進社會各階層的和諧團結，促使整體社會更趨安定與進步。

# 肆、強化人民團體角色任務的努力方向

基於前述人民團體常見的共同問題，及剖析人民團體所應有的角色與任務，並審度當前國家環境的需要；強化人民團體角色任務實為人民團體所應一致努力的要務；究應如何做法，茲擇其要者以供參考。

## (一)就組成份子而論

一個團體是否具有發展的潛力，及能否有效達成其任務，與團體組成份子的心理聯繫成正比；如果一個團體的組成份子，其心理聯繫很強，則必對團體產生強烈的向心力，而有助於團體功能的發揮；否則，團體形同虛設；故就組成份子而論，強化團體角色任務應朝下列方向努力：

1.重視成員的價值判斷，使成員確認團體存在的實質意義。
2.加強成員的凝聚力量，使成員瞭解其在團體的角色與地位。
3.溝通成員的觀念意見，使成員加深其對團體的認識與向心。

4.鼓勵成員的參與熱忱，使成員增加其自我價值與認同心理。

5.激發成員的潛在能力，使成員體會參與團體的成就與意義。

## (二)從領導階層來說

人民團體的最高權力機構是會員（會員代表）大會，但真正負責推展團體活動的是理、監事會；舉凡決定團體目標，釐訂團體政策，鼓勵團體成員，謀求團體權益及健全團體發展，都是團體的領導階層（即理、監事）所應努力去做的。因此，團體會務業務之發展與否幾乎完全繫於會員所推選出來的理監事能否貢獻智慧，熱心會務，而竭盡其職責；故在領導階層方面，強化團體角色任務應該做到：

1.溝通領導階層彼此之間的意見與觀念，促使其貢獻個人才智，發揮團隊精神，加強領導功能。

2.溝通領導階層與組成份子之間的意見與觀念，使彼此之間共同瞭解團體的立場與任務，共同為團體的整體利益而攜手合作。

3.激勵領導階層熱心參與團體活動，使領導階層共同努力於釐訂團體發展的政策與方針。

4.協調安排領導階層的適當人選，讓組成份子作明智的抉擇，選出真正能為團體犧牲奉獻的領導幹部。

## (三)以工作人員而言

工作人員是秉承會員（會員代表）大會及理監事會的決議實際負責推展團體活動的尖兵，亦是人民團體發展與否的主宰者，他們是團體與政府機關間的橋樑，也是團體與會員間的樞

紐。為強化團體角色任務,對工作人員應該注意:

1. 慎選能夠負責盡職,大公無私,敬業樂群,積極進取,且有專業素養的工作人員。

2. 透過各種講習訓練,灌輸工作人員的法規常識與專業知能,促使其抱著服務的人生觀與忠於職守的宏願,客觀超然,誠實廉潔,為團體效命。

3. 促使工作人員認識團體的宗旨與任務,瞭解會員的共同需要,遵守團體的規則,尊重領導階層的意見,依章推展團體的各項活動。

4. 訂定工作人員管理辦法,獎懲分明,工作保障,激勵工作人員的服務精神。

## (四)就財務處理來談

「財政乃庶務之母」,團體因財源短絀,經費困難,固為其阻礙發展,名存實亡的主要因素;而團體因財源雄厚,經費寬裕,亦常為其滋生弊端,糾紛迭起的關鍵所在;為強化團體角色任務,就財務處理方面應該注意:

1. 對財源短絀,經費困難的團體應積極從廣徵會員,舉辦活動及辦理義演義賣……「以會養會」的方式,寬籌財源,節約費用,並建立簡易的會計制度,妥善處理團體財務。

2. 對財源雄厚,經費寬裕的團體應建立財務會計制度,屬行經費公開,對於財務處理必須撙節開支,合理分配,務使團體經費能夠處理得當,將全部經費用之於為會員謀求福利,促進團體發展的用途。

## (五)從團體任務探究

人民團體的組織與活動,是以結合民眾,增進情感,貢獻

智慧，團結合作，服務互助，謀取會員福祉為主旨；而以溝通民意，進而促進社會和諧，達到建設國家為依歸，為達此重要目的，從團體任務來探究，強化團體角色任務所應努力的方向為：

1. 人民團體應加強會務處理。亦即一切會務活動均應依照有關法令規定辦理，如清查會籍，建立會籍資料，按時召開各種會議，按時辦理理、監事改選工作，嚴格執行理、監事會的不同功能，關心會員福利，加強會員服務，爭取會員信心，推行會議規範……，務使人民團體從正常的會務活動產生凝聚的作用。

2. 人民團體應充實業務內容。亦即應該貫徹章程宗旨，積極推展業務，因推展業務是人民團體組成的目標，也是人民團體存在的要件。對於職業團體，應建立其為會員服務的責任制度，自動依照會員的共同利益與需求從事各種相關的業務活動；對於公益、慈善、宗教、體育、婦女、青年及聯誼團體應加強其共體時艱的認識，依據當前國家的實際需要，發展社會服務的效能，裨益社會國家；對於學術文化團體，應積極依照團體的不同宗旨，從事具有建設性的研究發展工作，俾能發揮整體力量，對世界人類真能有所貢獻；總之，各團體應藉著團體的不同性質，從充實業務內容發生促進的功能。

# 伍、結語

人民團體是社會組織中最重要的一環，不但是社會的骨幹，更是國家的中堅；團體得運用集體的力量，溝通政府與民

眾之間的意見，將其困難問題反應給政府；政府的各項意見與
決策措施，更可透過團體的闡揚，獲得民眾諒解與支持；足
見，人民團體的健全發展與否，不但關係會員的權益，對國家
社會影響至鉅。因此展望未來，各級人民團體亟應自立自律，
以堅強的人事、健全的財務、完善的服務、高度的效率來強化
組織的功能，以贏取政府機關的信任，期盼現有的及將來成立
的人民團體，力自整飭，奮力自強，庶不負政府革新的意圖，
協助政府共同開拓國家開明進步之路。

# 第十二章

## 從人民團體談社會資源之運用

# 壹、引言

　　社會發展的目的，是要瞭解社會的問題、社會的需要，進而動員社會的資源，配合政府的政策，以解決問題，滿足需要，增進社會福利，促進國家安全；如何妥善發掘社會資源，及如何有效運用社會資源，是社會發展工作中最重要的一環。

　　民主國家，政府與民眾是一體的兩面；追求國家富強，是政府的目標，也是人民的期望；改善民眾生活是政府的職責，也是大眾的義務；為國家社會進步而貢獻，非僅是政府與民眾共有的責任，兩者更是成敗一體，榮辱與共的關連；如果整個社會國家單靠政府力量支援，能力畢竟有限；因此，總不若透過有組織、有理想、有效率的民間團體策動大眾參與與支援來得有效。

　　人民團體是社會的中堅，國家的支柱，更是政府與民眾之間的橋樑，我們要社會進步，國家富強，人民安和樂利，首先應確認人民團體在整個社會國家中應有的地位；因為人民團體對上可以溝通民意，對下可以聯繫民心；因此，不問是職緣、血緣、地緣及趣緣等各種不同的團體，雖性質不一樣，而具有的功能應該是相似的。

# 貳、先決條件

　　今天我們從人民團體談社會資源之運用，首先我們應該探討政府應具備的幾項先決條件，茲將其敘述如下：

## (一)要先訂政策

因為明朗的政策才能激起團體的響應，讓團體認識、瞭解提供各項社會服務的目的及意義何在。政府在擬訂任何一項社會福利計畫時，一方面要求均衡、配合與協調，另一方面事先應有完善的推行方案，完整的工作架構，更應明定政策的目標及期望，與如何相互配合運用之需求；期使各種團體在認清政府的明朗政策下，貢獻專長，提供更多、更有意義的社會服務。

## (二)要健全團體

健全的團體才能有具體的行動；健全團體組織，非僅是要求團體按時召開會議，按期辦理選舉，或經常加強聯誼；更重要的是要健全團體人事、業務及財務，維持成員的水準，促進社會服務功能，讓團體有共同意識，共同信念，彼此有互通鼻息之感；人人視團體如大家庭，各盡職責，履行章程，成員個個願為團體效力；如此團體才能生氣蓬勃，蒸蒸日上，所能提供的各項社會服務，亦較具體完整。

## (三)要專人指導

恰適的指導才能增進工作的成效，有了健全的團體，除其能遵循章程行事外，還需要有專人指導；雖然專業的工作人員不是無所不能的人，但卻是學有專長的工作者與協調者；他具有凝聚、激發、創造的功能，這種功能可以造成整體努力，關心別人、協助別人充滿信心與鬥志。由於社會服務，具有綜合性、地區性與實際性；所以如何配合社會實際需要做基本的締造運轉，除了政府必須具備整體、長遠考量的認識外，更需要受過專業訓練的工作人員作恰適的指導；惟有激發各種人民團

體的熱心參與，社會服務工作，方能有成。

## (四)要具體獎勵

政府應做有效的獎勵，才能促成團體的持續服務；人多勢大方能眾志成城，團體提供社會服務，因係出自志願，故不宜採用懲罰或責備；爲了維繫、加速與擴大成效，適當的鼓勵應是必要的；不論是橫的平行的鼓勵，或縱的隸屬的獎勵，都有助工作的推展與群眾的重視；各種團體志願提供社會服務，社會應予以適當之補償，以勵來茲；至少應該給予服務人員適當的證明，或予以實質的獎勵與部分義務的豁免等。嚴禁沽名釣譽或投機取巧混跡其間，絕對不准團體利用社會服務，作為升官發財的捷徑；應純以公益事業爲前題，如此才不失其志願提供社會服務之純化與淨化。

# 參、具體做法

人民團體大多具有雄厚的實力，其中包括財力資源、物力資源與人力資源等等，我們要國家成爲安和、樂利、均富的社會，充分運用人民團體本身具有的資源，實爲一大策略。如何使各種人民團體配合社區、社會、國家的需要，提供有效的社會服務資源，其基本的運轉與應有的作法，乃是我們所應積極研究的主要課題。

## (一)做能量的探討與實際需求的分析

深入瞭解人民團體整個會務、業務及財務情形，因爲各個人民團體都有其特性，那些性質相近的團體具有那些實力？能提供那些服務？如能進一步做全盤性的探討分析，從而做有效

的整合運用，相互配合，必能提供具體的福利服務。

## (二)引導團體實踐宗旨

　　各種團體均有其特定的組織，章程內又大多有謀求會員的福利條文；這種共同約束的規定，不僅可以使團體致力於共同的目標，開拓團體的新事業；更可藉服務弘揚效果，促進各階層社會的進步與合作；因此每個團體皆能遵照既定的宗旨與目標行事，則非但健全了團體本身，也鞏固了國家由下而上的基礎。

## (三)提供實用範例供採擇

　　為團體先思考項目，而後合理分配各項社會福利、社會救助、建築設備、醫療基金等社會服務；為配合社會進步，必須以新項目擴大服務境界；今日談社會服務，若再以施茶、施粥、施棺為範疇，不僅不切實際，而且也嫌落伍；我們必須以汲取新知識、運用新方法來擴大功能；非但需要福利機構相配合，做到投訴有門，貢獻有處；更需要將服務項目與社會需要結為一體，想得平實，才能做得切實。

## (四)要求團體發揮功能

　　各種人民團體可依其不同的性質，發揮不同的功能。例如：(1)宗親會援宗親，提供同姓宗親學子獎學金、助學金，及創設同舟共濟等聯誼活動，(2)同學會可以幫助同校學弟、學妹就業、求學、提供課業上服務，(3)醫師公會辦義診，更可聯合醫師的集體力量，提供聯合義務門診，幫助貧苦居民、孤兒院、老人院等做免費醫療服務，及身體健康檢查等，(4)律師公會提供法律常識服務、法令解釋、紛爭調處等，解決人們法律上的疑難問題。

## (五)聯合與個別推展並行不悖

　　各種人民團體可藉集體行動，集合全體力量，群策群力，提供社會資源，致力社會服務；亦可藉個別力量，在能力所能範圍內，利用餘時、餘力、餘財提供社會服務，做為拋磚引玉之示範作用；是故無論聯合或個別推展社會服務，雖殊途而異，但終其目的則是一致的。

## (六)要以人力、方法來吸引、創造物力與財力

　　人具有推行、維護、改革、創新諸項功能；而物可藉人的運用發揮其功能，惟其成果的大小端視團體支持的意願強弱而定；社會資源透過了有組織、有紀律的人民團體發揮組織功能，凝聚了人，匯合了財，發掘了物，使得社會資源的力量倍增；當然，要發揮這些功能，就必須要團體彼此意見溝通，集思廣益，匯集大眾的心聲，使大家看法一致，成敗的責任就由每一個人來分擔；人人視公事如家事，不推諉，不逃避；如此透過公共的意見，人為的努力，方法的應用，也就間接的提供了社會資源的物力與財力。

## (七)要讓被服務者在受益之餘，產生回饋

　　施者慎勿念，受者長緬懷；人民團體能對社會上不幸，視而有見；對人間疾苦，人猶如己，給予關懷；若能如此，則人人必能盡到對自己國家應負的責任，盡己而不為己；各種團體提供各項社會資源，亦是取之於社會，用之於社會，而讓受益人，亦能深切領會到世間人情的溫暖；於仰事俯蓄自足之餘，亦能以同樣心情，波及他人，回報於社會；則整個社會國家，將生生不息，永遠充滿人情，生氣蓬勃。

## (八)要從成果顯示中來增進服務者的信心

　　各種人民團體本著內心自我意願，利用餘時、餘力、餘
財、餘知，來表達對社會的愛意，對同胞的關懷；提供物質與
精神兼有的服務，對自己不求報酬與讚揚，予受助者在困難中
得到滿足，社會上應予以適度的補償與獎勵；固然部分社會服
務項目，短期內未必能收立竿見影之效，但持之以恆，必能臻
功。因此，肯定人民團體對國家所貢獻的各項社會資源，給予
服務者的自信心而激發其持續心，應是必要的。

## (九)要漸次蔚為風氣，讓社會大眾普遍參與

　　我們深信人間樂土可以靠雙手來締造，透過了人為的努
力，可以彌補社會資源的不足；人人體認，個個參與的結果，
必可使社會更進步、更繁榮；未來的多於現在，無形的勝於有
形，獲得的多於支出，整體的遠勝於個人；透過大眾傳播中報
章雜誌及廣播電視的報導，傳單小冊的散發，及社會領導的影
響；這種重視自己，也關心別人，注意一己權益，亦不忘社會
大眾整體福利的胸襟，必能使社會形成一種風氣；人人視提供
社會資源不僅是所願為，也是所當為；如此，讓社會大眾普遍
參與，自能漸次蔚為社會上一種善良的風氣。

## (十)要支持社會服務聯合勸募運動

　　各種人民團體應支持社會服務聯合勸募運動，因為機動性
的服務，遠勝於法定性的服務。社會服務項目，本來就是沒有
止境的，看到天寒地凍，我們可以創設「斤米件衣」；雨季泥
濘，我們可以創設「良心雨傘」；為了擴大生命境界，可以提
供「器官捐贈」；自然任何項目，社會服務均可引申發揮。不
過，聯合勸募運動對於社會資源的分配，務必確實做到公正、

客觀，不偏、不倚，要能贏得社會的肯定，民眾的信賴。

## 肆、結語

　　社會進步是永無止境，不斷前進；民間組織包羅萬象，旗幟分明；社會人士以一己之職緣、趣緣、地緣或血緣而參與不同的團體；各團體又本既有之宗旨與目標，萬眾一心，匯集整體力量，所以成效至大。例如：扶輪社、獅子會、青商會、同濟會、紅十字會等，這些團體彼此如能分工配合，其力量一定不只是相加，而且是倍增；尤其各團體又各有分支組織，其聲勢必定是浩大，而且是無窮。

　　我們要人民團體提供社會資源，是意識的變更，觀念的轉化，而非靠人情所及；因此，一方面固然需要透過教育灌輸，大眾傳播工具的介紹、散發，團體領袖的鼓吹；同時更重要的是所提供的社會服務，要能針對社會的需要，發揮具體的效果；讓所有參與人及受益人有口皆碑的義務宣傳，才能使上下交互影響；務須政府與民眾共同推動，使社會形成一種風氣；讓每一個人瞭解生存的目的，不僅僅是為自己、為家庭；而更應瞭解個人、家庭、社會與國家之間的關係是休戚與共，互為表裡；進而共同形塑強烈的公民意識價值觀；這樣社會資源的運用才不致於為人力所限制，社會資源的範疇也不會偏限於一隅。

# 第十三章

## 實施人民團體評鑑的意義與做法

# 壹、引言

　　人民團體是社會組織中最重要的一環，不但是社會的中堅，更是國家的支柱；其不論是職緣、地緣、血緣或趣緣的結合，雖其性質不同，業務各異，然其對社會、國家的貢獻，應該都是受肯定的。目前我國人民團體已經超過二萬五千個以上，雖其中大部分團體均能依照法令規定，貫徹章程宗旨而正常地積極運作，但因其經費充裕，常有開支浮濫、人員繁冗的現象；至仍有為數不少的團體，由於經費短絀、會所欠缺、又無專任的工作人員，幾乎形同虛設，名存而實亡。為了深切瞭解團體實際運作的狀況，探討其問題癥結，並謀求改進措施，以輔導人民團體健全組織，強化功能，充實力量，服務社會，亟有辦理人民團體評鑑的必要；期藉評鑑工作幫助測定團體既已存在的制度與計畫的效果，及預測團體正在建立與發展的制度與計畫可能產生的效益。

# 貳、人民團體評鑑的意義

## 一、對人民團體而言

### (一)協助團體建立完整的基本資料

　　通常各團體內部所保存的資料，均依據其個別需要擇重保管，而無建立較為統一的檔案；甚則因為會務工作人員之更

送，或團體會所的變更，每會有遺失資料之現象。如辦理人民團體評鑑，可促使各團體重視各項資料之保存，並依基本資料、會務、業務、財務及人事等各部分建立完整而有系統的檔案，既便於查考，又利於作爲推展會務的參據。

## (二)改進團體各項會務活動的缺失

評鑑工作人員前往各團體實施評鑑，對於團體推展會務有關活動不合法令規定之處，可藉面對面的交換意見，適時輔導更正；尤其對於團體章程之修正，會員會籍卡之建立，工作人員的人事制度及經費收支的處理等，凡不符合規定者，均可一一詳予輔導其依法行事，對改進團體各項會務活動之缺失，必能確收宏效。

## (三)激勵團體士氣，增進工作人員的敬業精神

各團體的理監事均爲義務無給職，爲團體從事犧牲奉獻的工作；雖工作人員領薪辦事，但一般待遇偏低，亟須主管機關之重視與激勵。透過評鑑結合了輔導人民團體有關的人員，不分團體的大小，完全無遺地親自實施訪問，藉坦誠地溝通觀念及對會務活動的輔導，不但可激勵團體士氣，更可使平日實際負責團體會務的工作人員體認其工作的重要性，提升其敬業精神，抱著服務的人生觀，努力爲團體效命。

## (四)協助團體建立運作的模式，提供團體發展的方向

評鑑所擬訂的各項評鑑內容，應該就是團體推行會務、拓展業務及處理財務的最佳模式與指針；在消極方面，團體得藉評鑑的項目檢查其會務、業務、財務及其他有關事項之得失；而在積極方面，則可使各團體獲得一致可循的發展方向，努力不懈，健全團體組織，發揮團體功能，提供社會建設的最佳服

務。

### (五)促使團體深切體認主管機關輔導團體的新形象

實施人民團體考核評鑑是法令賦予主管機關的權責，過去雖各主管機關對於各人民團體均年年辦理查核工作，但或由於工作人力所限，未能實地訪問；或由於作法墨守成規，應付了事；或由於查核人員未能稱職，敷衍塞責；由於上述種種因素，致使人民團體考核幾近流於形式，非但對各受考核之團體未能產生任何有效的輔導作用，甚至增加團體很多無謂地煩擾，完全失去了考核的真正意義。如能普遍實施人民團體評鑑，針對人民團體的基本資料、會務、業務、財務及人事等狀況擬訂各種要求的問項，完全以如何加強輔導人民團體健全組織，強化功能為著眼，藉評鑑的實施，徹底瞭解團體的心聲，為團體解決各種困難問題；則不但可讓各團體領悟主管機關真正是在輔導、協助、關心、重視團體的真意；更可使各團體深切體悟主管機關輔導人民團體的新形象。

## 二、對主管機關而言

### (一)有助於建立人民團體的個案資料

人民團體的個案資料是主管機關輔導團體的重要依據，如何建立確實而完整的個案資料則是人民團體輔導工作中不可缺少而又極其重要的一環；各主管機關對所屬團體的個案雖均採行各種不同方法予以整理、建立及更新；惟因人力所限，或要求不夠嚴格，致資料未必相當完備及齊全；如能透過評鑑的機制，確實掌握團體的動態資料，則必使輔導工作的成果更為顯著。

## (二)使人民團體輔導人員更深入瞭解人民團體的狀況

熟悉團體狀況是輔導團體的先決條件；負責輔導團體的承辦人員，平日因工作繁忙，僅能藉公文往來，或以電話與團體獲取聯繫；而惟賴團體要辦理選舉工作才有機會與團體接觸，對團體的實際狀況雖稍有瞭解，但未深入；實施評鑑，可藉實地訪問、查閱資料與面對面的溝通，徹底瞭解團體的各種優劣得失，對人民團體輔導工作的改進將有肯定的幫助作用。

## (三)發掘人民團體的癥結，瞭解人民團體的心聲

有些人民團體，其理監事及工作人員由於多年負責人民團體實務工作，經驗相當豐富，對人民團體實際問題也相當瞭解；諸如法令之修改問題，會員入會及繳費問題，業必歸會等等均富有獨特的見解。藉實施評鑑，可與團體的重要幹部廣泛交換意見，聽取建言，對團體所提的各項建議均可作為政府修改法令，建立人民團體輔導制度的重要參考。

## (四)增進人民團體對政府的向心力

實施人民團體評鑑，採用專業的工作方法，以客觀公正的態度，透過周詳的設計，擬訂實際的問項，實地瞭解團體的運作狀況；如事後能再以民意測驗問卷表函詢問團體對評鑑的意見，則不但直接對團體建立推展會務活動的模式有莫大助益，間接更可增進團體對政府的認同感與向心力。

## (五)使人民團體的獎勵更為客觀公正

辦理人民團體獎勵對激勵團體士氣，提升會務工作人員的服務精神具有肯定性的影響作用；過去主管機關對於人民團體雖年年辦理獎勵，惟均缺乏較為客觀公正的標準，故不但失去

了獎勵的重要意義，有時候更僅賴一、二人的人情用事而使獎
勵難免流於靡爛之批評；如能以評鑑的結果作為獎勵的依據，
將可免除少數人的主觀評價，而使團體對獎勵心服口服，受者
更引以為榮，以真正達到激勵士氣的目的。

## (六)使結合人民團體資源的效果更具體而彰著

　　加強結合社會資源推展社會福利工作為當前政府推展社政
工作最重要的措施之一，而人民團體在整個社會資源當中具有
龐大而雄厚的力量，如能善加運用，當有助於社會福利工作的
順利推展。透過評鑑，消極地可發掘團體的問題癥結；積極地
更可充分瞭解團體可資運用的潛在資源；以政府依據民眾需求
所擬訂的具體而可行的福利服務方案，如獲團體財力、物力或
人力的支援，則必能彌補政府之不足，而獲相輔相成，相得益
彰的效果。

# 參、人民團體評鑑的做法

## 一、評鑑的步驟

### (一)擬訂評鑑實施計畫

　　計畫是執行的依據，辦理評鑑首須訂定明確的實施計畫，
敘明評鑑的目的、評鑑的對象、評鑑的標準、評鑑的方式及評
鑑的時間等，並將計畫備函通知各受評鑑團體，以期團體能夠
事先準備充分的資料接受評核，而真正達到評鑑的預期目標。

## (二)設計評鑑評分表

　　評鑑評分表是使評鑑獲得正確資料，供作研判分析之用的主要工具；正確資料的獲得可藉由問卷、觀察、法規、文件查考等方式；也可從團體資料、刊物、文獻及工作人員而取得；不論其取得的方式如何，對於評鑑評分表所設計的問項，一定要與受評團體與主管機關兩方面的需求相呼應，並與辦理評鑑的預期效果相結合。

## (三)決定評鑑的預期目標

　　評鑑是使團體加強健全組織的一種手段，而如何使團體積極強化功能，對內加強會員服務，產生凝聚作用；對外協助政府推行政令，發生促進功能；乃是實施團體評鑑的主要目標。辦理團體評鑑究擬達成如何程度的目標？而達成預期的目標之後，又有何進一步的發展計畫？其發展計畫所需之經費、設備、技術及時間又如何？諸如此類，在整個評鑑的架構均應作通盤而詳細的考量。

## (四)撰寫評鑑報告

　　這是評鑑工作中最後，也最重要的一部分，諸多事實資料的蒐集，需要具體、深入、明確的說明，才能使資料發生效用；否則，再多的資料，未經邏輯、合理、科學的分析，仍無法將評鑑所欲表達的效果顯示出來，更無法藉現在的敘述，檢討過去，並預測未來；因此，一份完整而有內容、有系統的評鑑報告，不但有助於日後工作的改善，更是將來輔導團體的藍本。

## 二、評鑑的內涵

### (一)基本資料

1.章程：(1)有無章程？內容是否完備？有無與法令規定相抵觸？(2)修改章程是否依規定辦理？歷次修改章程的主要內容是否均有案可查？(3)修改後之章程有無函報主管機關備查？(4)若有章程，是否完成法定程序？

2.設立：(1)成立大會有無資料？是否有案可查？(2)團體的立案證書是否妥為保存？是否曾經遺失而再申請補發？(3)團體立案有無主管機關備查文號可查？(4)團體辦理法人登記，有無法院備查文號可查？

3.會員會籍：(1)會員申請入會有無依規定程序辦理？(2)會員（會員代表）有無建立會籍卡？有無會員（會員代表）名冊？(3)會員（會員代表）會籍資料變動，有無適時登記更新？

4.人事：(1)理監事任期是否屆滿？有無按規定改選？如未按規定改選，其理由何在？(2)理監事是否均能竭盡職責？是否均能和諧相處？有無派系糾紛？(3)有無專任工作人員？(4)任用工作人員有無依照規定建立人事制度？(5)工作人員有無建立人事資料及辦理保證手續？

### (二)會務狀況

1.會員（會員代表）大會：(1)會員（會員代表）大會有無依照規定按時召開？如未按時召開，其理由何在？(2)上次會員（會員代表）大會之出席率如何？(3)會員（會員代表）大會是否發揮最高權力機構之作用？如未能發揮作用，其

理由何在？

2.**理事會**：(1)理事會議有無按規定召開？如未按規定召開，其理由何在？(2)理事未出席會議有無依規定辦理請假手續？(3)理事出席理事會議的出席率大概如何？(4)理事出缺有無依規定遞補？(5)理事會對會員（會員代表）大會所決議通過之議案執行情形如何？(6)理事會是否能充分發揮領導功能？如未能發揮，其理由何在？

3.**監事會**：(1)監事會議有無按規定召開？如未按規定召開，其理由何在？(2)監事未出席會議有無依規定辦理請假手續？(3)監事出席監事會議的出席率大概如何？(4)監事出缺有無依規定遞補？(5)監事會是否竭盡監察的責任？(6)監事會是否能充分發揮監督功能？如未能發揮，其理由何在？

4.**其他**：(1)上年度是否因會務推展著有績效，接受主管機關獎勵？(2)年度工作計畫有無依規定提會員（會員代表）大會審議通過？(3)理監事選舉是否依照規定辦理？選舉工作是否順利？有無糾紛發生？如有糾紛發生，其理由何在？(4)理、監事會議是否依照規定分別召開？(5)年度預算是否提經監事會議審核？並依規定提請會員（會員代表）大會審議通過？(7)追加預算是否依照規定程序辦理？

## (三)業務狀況

1.**會員服務**：(1)是否經常辦理會員服務事項？上年度是否曾經辦理過會員福利服務事項？(2)對會員福利服務事項有無具體的實施計畫？如有計畫，其實施的情形如何？

2.**出國情形**：(1)上年度有無派員出國或應邀及組團出國考察情形？(2)出國考察是否與團體業務內容有關？(3)出國考察人員是否依規定提出考察報告？

3.社會服務：(1)上年度是否曾單獨舉辦或支援辦理過社會服
務事項？(2)曾經舉辦或協辦過的社會服務事項，其內容是
否充實？經費支出情形如何？是否產生預期的具體效果？
(3)今後對社會服務工作是否有具體的實施計畫？

4.其他：(1)有無接受政府機關或其他團體委辦事項？效果如
何？(2)有無出版會務通訊或其他刊物？效果如何？(3)配
合政府加強結合民間力量推展社會服務措施，是否曾舉辦
過有意義的具體活動？效果如何？(4)對協助政府推行政令
方面，有無具體的績效？(5)除例行的理、監事會議外，有
無經常性的聯誼活動？(6)對貫徹章程宗旨執行團體任務之
具體績效如何？

## (四)財務狀況

1.收入：(1)會員（會員代表）是否均能按期繳納會費？繳納
會費的百分比如何？(2)團體收入，除收取會員會費外，有
無其他收入？(3)有無接受政府機關或其他單位之經常補
助？(4)向會員（會員代表）收取會費是否依照規定辦理？
(5)每年收入有無盈餘？如有盈餘如何處理？處理方式是否
適當？

2.支出：(1)各項支出費用是否均能依照規定辦理？(2)支出
費用在社會服務方面所佔比例如何？(3)支出費用如發生不
敷現象，如何處理？處理方式是否適當？

3.基金：(1)有無基金存在？基金之提存是否依照規定辦理？
(2)基金之處理有無依照規定開立專戶存入行庫？(3)基金
有無依照規定用途使用？(4)動用基金是否依照規定程序辦
理？有無函報主管機關核備？

4.其他：(1)有無自有會所？有無有價證券？其價值如何？
(2)帳冊、分類帳、收支帳等有無按日登記？有無傳票憑

證？憑證是否均依規定經有關人員蓋章？(3)預決算是否依規定程序及期限辦理？(4)經費收支是否依規定分別提經理、監事會議審議，並函報主管機關核備？(5)各種帳冊、憑證是否完整？並妥為保管？(6)公款是否依規定存入行庫？

## 三、評鑑結果的處理

實施人民團體評鑑貴在對評鑑的結果應作公正、客觀、妥善、適當的處理，期使：(1)成績優良者，除促使其對內應加強會員服務外，對外能更發揮組織功能，積極參與各項社會建設；(2)成績中等者，至少亦應達到健全團體組織，重視會員服務之基本目標；(3)而成績不佳者，即應積極加強輔導，要求其能依照法令規定加強會務活動，而使團體的運作步入正軌；(4)至於根本久未活動或無法活動者，則應採取斷然措施，迅予整理或解散；唯有如此，才能真正達到評鑑的預期目標，產生評鑑的實際效果。

為了達成上述評鑑的目標與效果，對於評鑑所設計之問項應儘量力求以量化的尺度作為衡量的標準，其標準之訂定，個人認為宜採取下列的方式：

1.列為優等：經評鑑評定成績在九十分以上者。

2.列為甲等：經評鑑評定成績在八十分以上，未滿九十分者。

3.列為乙等：經評鑑評定成績在七十分以上，未滿八十分者。

4.列為丙等：經評鑑評定成績在六十分以上，未滿七十分者。

5.限期改善或輔導改選、予以整理：經評鑑評定成績在六十
分以下（未滿六十分）者，應加強輔導，限期改善，如在
限期內無法改善者，應依有關法令規定輔導改選或予以整
理。

6.予以解散：經評鑑評定會務鬆弛，不具團體組織要件，並
經輔導改選或整理無效者，則應循法定程序予以解散。

以上經評鑑評定成績列為優等及甲等者，可由主管機關頒
發獎牌或獎狀及獎金予以鼓勵；列為乙等者，可由主管機關備
函嘉勉；而最重要的一點是，評鑑完畢後主管機關應即函發各
團體「評鑑結果通知單」，詳細列舉團體之優點、缺點及應行改
進事項，使各團體能保持既有的優點，繼續發揚光大；或針對
現有的缺點，力求研究改進。

# 肆、結語

人民團體考核評鑑是法令賦予主管機關的權責，其主要目
的是希望藉著評鑑工作徹底瞭解團體推展會務活動的得失，並
據以作為獎懲的標準；歷年來，各級主管機關對於團體查核，
或因人力不足，或因輔導人員缺乏專業知能，或因參與查核的
工作人員未能盡職，或因查核的結果未作適當處理，致使此一
重要工作幾乎流於形式，不但主管機關未能努力實施，甚或未
曾實施，而團體也未加重視，只有彼此應付了事，可謂徒勞而
無功。雖個人服務於台北市政府社會局擔任人民團體輔導科科
長任內，曾於民國七十年率先創辦「人民團體評鑑」，但至今各
主管機關仍未能全面實施。為了徹底改進以往團體考核的各項
缺失，期能使此項工作獲致預期的目標及效果，對於建立「人

民團體評鑑制度」極其必要。內政部已於民國八十六年八月八日函頒實施「全國性社會團體績效評鑑要點」；如各級人民團體主管機關均能定期運用專業方法，以公正客觀的態度，針對團體實際運作的狀況實施詳盡的評估查核，以作爲主管機關輔導團體推展會務活動及辦理團體獎懲的依據；並藉實地評鑑訪問，加強聯繫溝通，徹底瞭解團體的困難問題，及其可能發揮的組織功能；則不但對團體健全組織，強化功能將有莫大助益；尤對充分結合團體資源，促使團體積極參與社會服務工作與國家重要建設必有更大貢獻。

# 第十四章

## 人民團體輔導管理的檢討與展望

# 壹、引言

　　一個團體至少應該包括下列要素：(1)須有一群人，(2)這一群人必須具有與眾不同的區別特徵，(3)成員之間至少具有一種角色互補的作用存在，(4)成員之間可以使用直接或間接的溝通方式，產生互助的關係，(5)成員之間具有某些共同的理想目標與行為規範，(6)成員之間憑藉相互依賴的關係，達到共同依存的目標。具體而言，團體應指具有共同特徵的一群人，為著達成某些共同的目標，彼此依循一種標準的互動模式所形成的結合。人民團體既是社會組織的一環，當然亦應具有上述團體的特質，惟所謂人民團體，必須依據人民團體法或其他特別法而設立。

# 貳、過去輔導管理的檢討

　　人民團體的輔導管理是法律賦予主管機關的職責及權力，其目的在使團體組織得以健全發展，發揮整體功能，增強國家建設力量。茲將過去主管機關對人民團體輔導管理的工作檢討如次：

## (一)先從主管機關的輔導觀念說起

　　根據個人瞭解，各級主管機關對團體的輔導仍僅限於列席團體各種會議（含會員大會或會員代表大會及有選舉的理、監事會議），輔導團體辦理理監事選舉工作，輔導團體依規定處理會務，舉辦團體幹部研討會，表揚優良團體……；而以上各項

輔導工作幾乎常墨守成規，流於形式，只要消極地求團體能相安無事，無糾紛發生，似乎就算盡到輔導的責任；而根本從未考慮到如何積極地運用專業方法輔導團體真正發揮其不同的功能來協助政府推動各項建設；例如：國際團體（含扶輪社、獅子會、青商會、同濟會……），其組織團體的目標向以「服務社會，造福人群」為宗旨，各團體均具有相當豐富的服務能量，可惜因缺乏正確的輔導，致使各項社會服務顯得零零星星，未能發揮預期的效果；甚或有的社會服務更發生錦上添花或浪費經費的情事；倘若各級主管機關在輔導措施上，能深入瞭解團體的不同特性，分析團體的個別情況，配合政府政策的需求，為團體提供良好的社會服務方案；則必能使團體的服務能量作更妥善的整體運用，發揮更大的服務效能，提高社會服務的層次，對社會國家產生更顯著而肯定的貢獻。

## (二)次就輔導人員的基本態度來講

所謂團體的輔導人員狹義的是專指社政主管機關的行政人員而言，但廣義的應涵蓋目的事業主管機關的有關人員。團體之能否強化組織功能，發揮整體力量，固端賴組成份子之是否熱心參與，工作人員之是否盡忠職守及領導幹部之是否具有卓越的領導能力；而負責輔導團體的有關人員是否能抱著「輔導重於管理、服務重於干涉」的信念，輔導得力，監督得體，當為重要的影響因素；忝為多年參與團體輔導的一份子，深切感觸到目前一般輔導人員對於輔導團體所持的基本態度，幾乎僅限於「消極的承受」，而未能「積極的開拓」；也就是只要團體來文能依規定期限予以答覆，團體發生糾紛能夠迅速予以解決，團體召開會議能按規定列席指導……，就算達到輔導的目的；而從未考量主動、積極運用專業技巧，透過各種有效的輔導措施，協助團體建立一套推行會務、發展業務及健全財務的

標準模式；促使團體能夠好的更好，不好的也能變好，而真正達到健全團體組織，發揮團體功能的積極目標。

# 參、今後輔導管理的展望

　　健全團體組織，發揮團體功能，充實社會力量，安定社會秩序，繁榮社會經濟，促進社會進步乃人民團體所應致力的方向，亦為人民團體所應有的任務；基於前述對過去輔導管理的工作檢討，並審度當前國家環境的需要；權衡輕重，分別緩急，對於主管機關如何促使團體健全組織，強化功能，在輔導工作所應努力的方向，提出幾點淺見，願與負責團體輔導工作之先進共勉。

## (一)改進人民團體輔導觀念

　　人民團體輔導對主管機關而言，不僅是權力，而且是責任；輔導人員為求健全團體組織，強化團體功能，除了與團體之間的例行公事來往應妥善處理，或對團體的例行會議認為必要應列席指導外，更重要的是要培養團體輔導的新觀念；輔導人員應主動、積極，熟悉有關法令，不斷研究發展，分析團體狀況，發揮專業精神，善用團體資源，促使每一個團體不但對內能和諧、團結，產生凝聚作用；對外更能協助推動社會福利及國家建設，發生促進功能；則團體的存在，不僅會員獲益，社會、國家尤其幸甚。

## (二)研析人民團體組織狀況

　　團體是由具有若干共同的觀念、信仰、價值和態度，或共同的興趣，或利害關係的一群人所組成的；因此任何一個團體

必定會顯示以下幾個特徵：(1)團體是有組織的，(2)團體應有宗旨及任務，(3)團體必有目的或功能，(4)團體具有個性，(5)團體具有複雜性，(6)團體應該重視分工，(7)團體應具有其專注的或偏好的業務項目。基於以上團體的幾種特徵，輔導人民團體，欲求達到充分發揮團體功能，對於人民團體的組織狀況應作科學方法的分析研究，期能深入瞭解團體組成份子的背景（包括團體的人數，組成份子的年齡組合、教育程度及職業狀況，團體份子參加團體的動機及需求等），團體份子對團體的信賴感與榮譽感，團體份子互賴的程度，團體份子心理互動的現象，及團體之健全與否……，俾作輔導人民團體強化組織功能的方針。

### (三)輔導人民團體重視會務推行

人民團體的會務推行是否能夠依法辦事，應是人民團體是否能夠正常運作、健全發展的關鍵。設若一個團體未能依規定每年召開會員（會員代表）大會，且又未能依規定辦理理、監事、常務理、監事暨理事長改選；卻振振有詞對外宣稱其團體有多好、又多好，這樣的話，敢講的人，固然胡說八道；但相信的人，卻更不明白事理。個人認為，一個團體的領導階層及工作幹部，如果欲求其團體能夠正常運作，除了應該熟悉人民團體法及其相關的特別法外，對於督導各級人民團體實施辦法、人民團體選舉罷免辦法、人民團體相關財務處理辦法、工作人員管理辦法及會議規範更應致力研習；因為該等法規均係關係人民團體會務推行的重要依據。肯定地說，目前絕大多數的團體，對於團體的經營，可說僅重視業務的積極推展，而根本忽視會務應該依法運作的重要性及必要性；以致形成團體為少數領導階層所把持操縱，致使其他成員離心離德，敗興而退。輔導人民團體務必透過各種可行的管道，灌輸團體「會務

推行合法化」的認知，尤其在每年辦理人民團體考核評鑑時，對於這方面的分數應該要有適度的比例，藉此促使團體更加瞭解依據法令規定推行會務應與致力業務推展同等重要。

### (四)輔導人民團體充實業務內容

　　推展業務是人民團體組成的目標，也是人民團體存在的條件；欲使人民團體強化功能，以達到組織運用之目的，對於人民團體的業務內容應加強輔導其力求充實。(1)對於職業團體，應輔導其分擔為民服務的社會責任，鼓勵其主動積極依照會員共同的需要與利益從事各種相關的業務活動；對其人事、財務尤應加強輔導監督，俾減少弊端及提高服務效能，(2)對於學術文化團體，應予輔導並鼓勵其積極依照團體的特質，從事建設性的研究發展工作，俾使其發揮文人報國之整體力量，提供協助國家發展的建言，(3)對於公益、服務、慈善、宗教、體育、青年及婦女團體等應加強輔導其共體時艱，依據當前國家需要，發展會務，貢獻所長，裨益社會國家。

### (五)輔導人民團體真正成為名副其實的非營利組織

　　非營利組織的主要特徵：即是要有公共服務的使命，積極促進社會大眾福祉，且不以營利為目的。而所謂公共服務的使命，係指它所關懷的、所創造的利益，並不是為部分的民眾或少數的私人，而是為整個社會大眾。從這個認知，我們應可充分瞭解，人民團體應屬非營利組織重要的一環。既是如此，所有向政府許可立案的人民團體，就應該遵照章程所定的宗旨，扮演非營利組織的角色，發揮非營利組織的功能，名正言順地致力於完成公共服務的使命；而不應該掛羊頭賣狗肉，打著非營利組織的旗號，實際上專做一些營利，或為少數人謀求利潤的行為。在此要特別聲明的是，並不是非營利組織絕對不可謀

求利潤；而是其謀求之利潤，必須完全用之於完成公共服務的使命，且須依照法令規定辦理。根據個人瞭解，目前很多社團法人或社會團體，都是藉著非營利組織免課營利事業稅的保護傘，而致力經營一些營利的事業，且這些營利事業又未依照法令規定辦理；更糟糕的是，營利事業所賺取的利潤，究竟何去何從，更是一筆爛帳。上述現象，主管機關絕對不應該坐視不顧，或任其自由發展。人民團體為了永續經營，能夠採取開拓財源的途徑「以會養會」，固然值得鼓勵，但重點就在其應將營業行為所賺取的利潤，用之於公共服務使命的追求或實現；而不應該將其利潤為少數人所分配享有，或營業所得究竟做些什麼？帳目模糊不清。今後，對於人民團體的輔導管理，在這方面的確應該多下功夫，主管機關更應該拿出鐵腕的作為加強管理，以免影響非營利組織的信譽與發展。

## (六)輔導人民團體貫徹章程宗旨參與社會服務

任何人民團體都有其組成的宗旨與任務，也有其發展的具體目標；人民團體是社會的中堅，國家的支柱，其各項活動不但關係會員的權益，更關係社會國家的整體利益；因此輔導團體的各項活動，不但應要求團體貫徹章程宗旨，對內激勵會員團結合作，產生堅強的凝聚力；對外更要產生促進與服務的功能，發揮組織力；不但應積極致力於爭取會員的共同利益；更應結合整體力量，積極參與社會服務，協助政府發掘問題，解決問題；尤其對於政府政令尤應全力配合，協助推行，以期共同促進團體的和諧，社會的進步與國家的富強。

## (七)加強發揮主管機關及目的事業主管機關功能

人民團體輔導的主要目的在使團體獲得齊一的發展，以發揮民力，增強國家建設的力量；人民團體的組成，如果未能健

全運作，非但徒具虛名，且易爲不良份子把持操縱，流弊叢生；直接影響團體本身，間接危害社會國家，不可不愼加防範。爲健全團體組織，並強化其功能，以達到組織運用之目的；主管機關對於人民團體的輔導管理應依據有關法令規定，針對團體的會員資格、工作計畫、財務狀況、會務活動、業務發展及工作成果等予以適當的指導、監督。

1.**對於會員資格的審定**：應依照法令規定，督導團體嚴加審核，在重質不重量的原則下，避免濫竽充數，受人利用，致使團體蒙受不良後果。

2.**對於工作計畫的審議**：應輔導其內容避免空虛，而需切合實際，擬訂具體可行的年度工作計畫；並提示各種補充意見和建議，以求各項計畫內容的有效實施。

3.**對於會務活動的要求**：應督導各人民團體依章按時開會，按時選舉；徹底整理會員會籍，並應隨時辦理會員登記，檢查更正，以保持會員會籍的正確性；凡會員（會員代表）大會之前應確實掌握團體的動態狀況，輔導團體順利開好大會。

4.**對於業務推展的輔導**：應積極輔導其依據會員的共同需要推展各項業務內容，尤應輔導團體貢獻所長，發揮組織力量，協助政府各項政策。

5.**對於財務狀況的稽核**：應督導其依照有關法令規定，建立會計制度，嚴格執行；尤應厲行經濟公開，使團體經費適當運用，以免招致會員不滿，影響團體信譽。

6.**對於工作成果的考核**：應本著公正客觀的態度，對團體會務活動的績效，審愼評定其成績的優劣，分別予以獎懲，促使各級團體知所策勵；對於優良之團體，提示其應有的發展途徑，並予適當的獎勵；對於組織不健全，久無活動

的團體，應即輔導其迅予改進；如確實未能改進，應即依法令規定予以整理或解散，俾使有團體必有活動，而各團體亦均能發揮功能，完成任務。

# 肆、結語

　　人民團體是介乎「國」與「家」之間的中介地位；惟有健全的團體組織，政治體系才能達到健全運作的功能。一般言之，人民團體應具有溝通協調、利益表白、意見形成及政令宣導的功能，今後主管機關對於人民團體，宜應輔導其體認與重視整體利益，以國家發展與全民利益爲依歸；並且促使團體善用組織力量，善盡社會責任，爲社會大眾提供更多、更佳的服務，協助政府建設祥和、樂利的社會。

# 第十五章

## 強化人民團體組織功能的應行措施

# 壹、引言

人民團體因設立宗旨互異,而具有職業性、學術性、福利性、服務性、宗教性與聯誼性等不同性質;惟它們雖各具有獨特的任務,但也應具有共同的目標;因為各種團體在社會組織中是居於「國」與「家」之間的中介地位,是兩者之間最好的溝通媒介;各參加團體的成員,向上可向國家提供建議,向下可影響家庭的各項活動;不論是職緣、趣緣、血緣、地緣或誼緣所結合的團體應該都有這種相似的功能。

人民團體是社會組織最重要之一環,任何一個團體的設立,我們都期盼它能:(1)在會務推展中凝塑民主素養,(2)任急公好義中善盡社會責任,(3)在參與過程中學習自我成長,(4)在聯誼歡樂中增添生活情趣,(5)在組織運作中培養敬業精神,(6)在響應政策中配合社會運動,(7)在活動交流中拓展國民外交。於是,當一個人民團體組成之後,如何輔導其均能強化組織功能,而成為推動社會、國家進步之助力,當是人民團體主管機關刻不容緩的急切要務。

# 貳、健全團體組織的先決條件

## (一)先就團體本身而言

1.組織自由化:團體之設立除法令另有規定,務必貫徹「業必歸會」外;社會團體的組成均係基於民眾自由意志的結合,民眾參與團體與否亦完全任憑其自我意願之抉擇。在

組織自由化的前提下，民眾申請團體之設立，固應遵守法令規章，更重要的是宗旨要正確，任務須恰當。

2.運作民主化：團體是民眾自由意志的結合體，其最高權力機構是會員（會員代表）大會，而實際負責推動會務、業務的是理、監事會；爲謀團體確實滿足成員的需求，並充分發揮其功能；團體的一切作爲均應透過民主運作的方式，集思廣益取決於多數。

3.會務自主化：團體既然是依照法定程序而組織，當然應承認其獨立性與自主性，讓團體以本身之權力行事，勿受不必要之外力介入與干預。而團體更應深切體悟，在遵守法令的約束，及顧慮成員之最高權益與最佳滿足的原則下，團體應盡情地自我充實，自我發揮。

4.經營企業化：團體的成立固然是以滿足成員的需求，服務社會人群爲其主要宗旨；因此，團體的發展應該運用企業經營的方法，讓團體的各項會務、業務活動均能發揮最大的效益，確實貫徹章程既定的宗旨與任務，加強服務社會大眾，致力因應成員的心理需求，而贏得會員對團體的信賴感與向心力。

5.會員和諧化：團體的成員必然具有若干共同的理念、信仰、價值和態度，甚或共同的利害關係；團體的組織健全與否可以依據其組成份子之心理表現與聯繫以爲斷；因此，如何加強團體成員的和諧團結，應是健全團體組織的要務。

6.幹部敬業化：所謂幹部係泛指團體的領導階層與工作人員。團體的領導階層應屬團體的理監事、常務理監事與理事長；他們必須秉持犧牲奉獻、公正無私的服務精神，瞭解會員需求，滿足會員慾望，增強會員的互信與互賴；而工作人員更應盡忠職守，敬業樂群，確實協助會員解決困

難問題，以博取會員的普遍接受。

7.財務制度化：團體的財務制度不健全常為團體滋生弊端、造成糾紛的主要原因。為使團體的財務收支及其他的財務處理步上正軌，務必依法建立會計制度；合理分配，撙節開支；該用則用，該省則省；所有收、支、存、稽均應嚴謹執行，處理得當。

## (二)再就主管機關來說

1.要求適法化：團體是依據人民團體法等各種有關法令規定所結合的組織，則其當然應依法推展會務；主管機關對於團體會務之推展固然應儘量尊重其自主權之行使，以避免遭致過份干預之批評；惟在法令範圍之內，為健全其組織仍應做適法之要求。

2.服務公正化：輔導團體旨在協助團體滿足或解決其個別不同需求與問題；為求圓滿達此目的，主管機關之有關人員對於團體之輔導，不論其事務之繁簡或團體之優劣，均應謹言慎行，公正處事，保持職業尊嚴；質樸堅持，依法行政，態度誠摯謙和。

3.輔導藝術化：團體組成旨在活動，輔導團體應具有機智的應變力，練達進取，仔細研究分析團體的活動狀況；發掘問題，務必立即適切處理。對積極活動者，應輔之以對內產生凝聚作用，對外發生輻射功能；經常活動者，協助其更加強化組織功能，加強會員服務；而鮮有活動者，則應督促其加強會務推行，正常會務運作。

4.工作專業化：輔導團體健全發展是社會工作之一環；因此主管機關負責輔導團體的人員，除了應具備豐富的法律知識與社會經驗外；更應具有專業的工作技巧，運用專業方法，號召參與，凝聚團體意識；喚起團體成員對團體的向

心力，激發團體成員對輔導人員的信任感。

5.行政現代化：輔導團體對主管機關而言，不僅是權力，而
且是責任；主管機關為求健全團體組織，發揮團體功能，
一切行政措施務必因應時代的變遷，社會的轉型，培養團
體輔導的新觀念，探討團體輔導的新方法。

6.管理科學化：適時掌握團體的動、靜態資料是輔導團體健
全組織、強化功能的有效途徑之一；面對層出不窮的疑難
問題，如何應用電腦化資訊系統，將團體的各種資料加以
科學化的管理，以因應千頭萬緒的輔導事務，實為當前人
民團體輔導的重要工作。

7.法規靈敏化：法令規章是處理公共事務的依據。適應時代
潮流，而又兼顧情理的法令規章，必能使困難問題之處理
迎刃而解；反之，則將使問題愈演愈烈，難以收捨。如何
因應時代變遷，擬訂妥適的單行法規，據以因應團體的困
難問題，當係人民團體主管機關所應積極努力的工作目
標。

# 參、強化團體功能的應行措施

人民團體是社會組織的重要單元，它不但是社會的骨幹，
更是國家的中堅；團體得運用集體的力量，溝通政府與民眾之
間的意見；政府的各項決策與措施，更可透過團體的闡揚，獲
得民眾的支持與諒解；足見，團體的健全發展與否，不但關係
民眾的權益，對於社會國家的影響更鉅。

人民團體功能的發揮，固然有賴團體本身自立自律，以堅
強的人事、健全的財務、完善的服務及高度的效率來強化組織
功能，以贏取政府與民眾的信任；人民團體主管機關肩負輔

導、監督之責，尤應採行下列的應行措施。

## (一)督導各團體定期辦理會員會籍清查

團體會員是主宰團體是否健全發展的動力；因此，團體會員資格之認定，當是促使團體淨化與純化的關鍵所在；基此，主管機關應依權責督導各團體對會員會籍定期辦理清查，俾使團體的組成份子均具有共同認定的會員資格，以展現其實力，避免流為有名無實。

## (二)輔導各團體確實倡行會議規範

團體是實施民權主義，培養民主素養的好地方；大家為達成共同的目標與任務，秉持民權初步的精神，按照會議規範來進行討論、處理動議；彼此懂得互相謙讓尊重，互相表明利益；透過「禮」與「理」的民主表決方法來決定團體發展的計畫，爭取個人應有的權益；則必能在互相包容之下促進團體的協調合作，達成團體的共同目標。

## (三)督導各團體建立工作人員任考制度

工作人員是團體的靈魂人物，團體組織是否健全，功能能否發揮，他肩負著關鍵性的影響作用；因之，主管機關亟應督導各團體依據中央主管機關訂定的「工作人員管理辦法」，對於工作人員的任用、保證、待遇、考核、退職、撫卹等，建立完善的任用與考核制度，並貫徹執行；促使其秉持忠於職守的工作倫理與虛心誠懇的服務態度，兢兢業業為團體的整體發展而全力以赴、全心投入。

## (四)建立團體個案紀錄及資料

團體個案紀錄之建立與有關資料之保存，對主管機關與團

體本身均具有其重要性；主管機關基於輔導所需，對於各團體動、靜態狀況均應確實掌握，並設計個案紀錄隨時登記更新；尤其對於團體的立案資料、組織章程、職員略歷冊、工作人員名冊及最新大會手冊等亦應兼顧資料的時效性蒐集保存，並有系統地建立資訊檔案。

## (五)加強辦理團體幹部教育訓練

團體幹部狹義的專指工作人員而言，廣義的應包含領導階層的理監事在內；團體的理監事是否能竭盡職責，工作人員是否能致力服務，對於團體活動的推展影響至鉅。所以，定期辦理團體幹部教育訓練，非但可促使其普遍熟悉有關法令，深切瞭解相關政策；尤可藉以溝通觀念，建立共識，精進推展會務的方法；並激發其體認當前國家的政策目標，提高其政治認識；實為強化團體功能的最佳途徑。

## (六)定期分類舉辦各團體領導幹部聯繫會報

舉辦「聯繫會報」的目的不但可聯絡團體幹部感情，交換推展會務經驗；並可促使團體幹部灌輸現代的工作知能及應有的法律常識，瞭解當前的政治環境及政府輔導團體的導向。主管機關如能定期依團體的同質性分類舉辦聯繫會報，參加的層次限定為團體秘書長或總幹事以上人員，包括理監事、常務理監事及理事長；有時甚至可邀請學者專家專題演講，且作必要的政令宣導，如此，當可激發團體幹部更加深切體認其應積極扮演的角色與功能。

## (七)建立團體評鑑考核制度

實施團體評鑑考核是法令賦予主管機關的權責，為了輔導團體正常運作，對於建立「團體評鑑制度」極其必要；如能運

用專業方法，以公正客觀、審慎嚴謹的態度；由中央到地方運用統一的評鑑標準，針對團體的會務、業務、財務、人事等各項運作狀況實施詳盡的評估查核；則不僅能因應團體的個別情形，適切予以輔導；更可結合團體整體力量，發揮積極性的促進功能。

## (八)擴大表揚優良團體及幹部

辦理優良團體及幹部表揚，對於激勵團體士氣，及提升團體幹部的服務精神，具有肯定的影響作用；雖然各級主管機關每年對於團體或幹部均辦理獎勵表揚，惟因缺乏較為具體公正的獎勵標準，致使表揚不但失去了實質的意義，尤常遭致相反的效應；如能確實實施團體評鑑，而以縝密客觀的評鑑結果作為獎勵的依據；則受者必更引以為榮，也更能達到鼓舞、激勵的效果。

## (九)舉辦優良團體會務觀摩

透過評鑑的考驗，團體的會務、業務、財務、人事等各方面的運作均能達到一定的標準，且其組織功能亦能充分發揮，而被評選為績優團體；如能將這些績優團體具體的優良事蹟定期輪流舉辦會務觀摩，讓所有團體相互學習借鏡；則必能廣收仿傚、宣揚與推廣的效果，尤可促使各個團體見賢而思齊。

## (十)建立團體財務處理查考制度

所謂團體的財務處理，係指將團體的經費收入與支出，依據法令規定之會計事項，應用專業的方法，將團體收支作有系統、有組織的記載與說明。主管機關對於團體的財務處理應該依據相關的管理辦法，建立完善的查考制度，定期或不定期的實施查考；從積極面來說，可輔導團體建立健全的財務處理制

度；就消極面而言，藉此可以避免團體因財務處理的不當而滋
生弊端，糾紛迭起。

## (十一)建立團體主管機關會報制度

目前各級人民團體除主管機關外，另有其不同的目的事業
主管機關，爲使各主管機關及目的事業主管機關對團體輔導的
作法與目標趨於一致，並共同解決輔導過程中所發生的疑難問
題，亟應建立主管機關會報制度，定期邀集主管機關及目的事
業主管機關有關人員，溝通觀念，統一作法；並藉以共同檢討
體輔工作之得失，力求改進體輔工作之方法；致力促使體輔工
作精益求精、開創新境。

# 肆、結語

我國自宣布解除戒嚴及終止動員勘亂時期，加以人民團體
法於民國八十一年七月二十七日修正公布後，社會團體之設立
突破過去「同性質同級者以一個爲限」的限制；因此，社會團
體猶如雨後春筍，急速增加。吾人深知，人民團體的組成固然
是憲法賦予民眾「結社自由」的具體發揮，但至盼現有的及將
來成立的團體，個個均能力自整飭，奮勵自強；回顧過去，展
望未來，在此願提出幾點建議與各人民團體領導先進共勉。

1. 人民團體的發展必須顧及國家的安全與利益，團體在表明
其利益與主張時，處處應慎加思考；尤其更應時時注意內
部的健全、和諧與團結。
2. 人民團體的發展有賴於開放的政治與社會，團體在致力於
各項會務活動的推展過程中，尤應考慮政府的立場與國家

的政策。

3. 人民團體的發展務必秉持「自由中有約束，開放中重法紀」的原則，以期每個團體均能貫徹章程既定的宗旨與任務，而成為帶動社會進步的最佳助力。

4. 人民團體處於當今國家正積極推動「心靈改革工程」與「提升國家競爭力」的重要時刻，亟應團結一致率先響應，多加扮演積極性的社會、教育、經濟及政治功能的示範角色。

# 參考文獻

## 中文部分

孫本文，（民四九），《社會學原理》，台北市：台灣商務。

龍冠海，（民五五），《社會學》，台北市：三民。

謝徵孚，（民五五），《社會學》，台北市：三民。

楊懋春，（民六六），《社會學》，台北市：台灣商務。

蔡文輝，（民七七），《社會學》，台北市：三民。

謝高橋，（民七一），《社會學》，台北市：巨流。

朱岑樓譯，（民五六），《社會學》，台北市：三民。

朱岑樓譯，（民五一），《社會學》，台北市：協志工業。

張承漢譯，（民八二），《社會學》，台北市：巨流。

張承漢譯，（民七一），《社會體系》，台北市：黎明文化。

張承漢，（民八三），《社會組織與社會關係》，台北市：幼獅
　　文化。

張承漢譯，（民五七），《社會心理學》，台北市：台灣開明。

張華葆，（民七六），《社會心理學》，台北市：三民。

李美枝，（民九一），《社會心理學：理論研究與應用》，台北
　　市：文笙。

林仁和，（民九一），《社會心理學》，台北市：揚智文化。

劉安彥，（民八二），《社會心理學》，台北市：三民。

李義興、余伯泉譯，（民九二），《社會心理學》，台北市：弘
　　智。

242

李長貴，（民五八），《社會心理學》，台北市：台灣中華。

李長貴，（民六八），《組織社會心理學》，台北市：台灣中華。

張苙雲，（民七五），《組織社會學》，台北市：三民。

劉曉春、張意真譯，（民八六），《社會團體工作》，台北市：揚智文化。

李建興，（民六九），《社會團體工作》，台北市：五南。

廖清碧、黃倫芬譯，（民七二），《社會團體工作》，台北市：桂冠。

呂亞力，（民七二），《政治學》，台北市：五南。

華力進，（民七二），《政治學》，台北市：經世。

陳想容譯，（民五六），《眾人的管理》，台北市：台灣商務。

王加微，（民七九），《行為科學》，台北市：五南。

林水波主編，（民八八），《組織理論》，台北市：智勝文化。

張承漢，（民六六），《組織原理》，台北市：台灣開明。

彭文賢，（民八五），《組織原理》，台北市：三民。

榮泰生，（民八七），《組織行為學》，台北市：五南。

吳秉恩，（民八二），《組織行為學》，台北市：華泰。

藍采風、廖榮莉，（民八三），《組織行為學》，台北市：三民。

李青芬、李雅婷、趙慕芬譯，（民八四），《組織行為學》，台北市：華泰。

張潤書，（民七四），《組織行為與管理》，台北市：五南。

陳義勝，（民七二），《組織行為》，台北市：華泰。

黃囇莉、李茂興譯，（民七九），《組織行為》，台北市：揚智文化。

林欽榮，（民九一），《組織行為》，台北市：揚智文化。

王鐵生譯，（民八二），《利益團體》，台北市：五南。

鄭文義，（民七六），《公益團體的設立與經營》，台北市：工商教育。

陳武雄，（民九〇），《人民團體組織與輔導》，中華民國志願服務協會。

張學鶚、王培勳，（民八七），《人民團體輔導制度之研究》，內政部社會司委託研究。

司徒達賢，（民八八），《非營利組織的經營管理》，台北市：天下遠見。

司徒達賢等，（民八九），《非營利組織經營管理研修粹要》，台北市：洪建全基金會。

蕭新煌主編，（民八九），《非營利部門組織與運作》，台北市：巨流。

張茂芸譯，（民八九），《非營利組織》，台北市：天下遠見。

孫碧霞、廖秋芬、董國光譯，（民九〇），《非營利組織策略管理》，台北市：洪葉文化。

江明修主編，（民九一），《非營利管理》，台北市：智勝文化。

江明修主編，（民八八），《第三部門經營策略與社會參與》，台北市：智勝文化。

## 英文部分

Crosbie, Paul V., (1975), *Interaction in Small Group*, N.Y.：Macmillan Publishing Co.

Lawler, Edward J. and Others eds., (1984 and 1990), *Advances in Group Processes* Vols.1 and 7, Greenwich, Connecticut: Jai Press.

MacKenize, Kenneth D., (1976), *A Theory of Group Structures*

(Vols.1-2) , N.Y. : Gordon and Breach Science Publishers.

Paulus, Paul B. ed., (1983), *Basic Group Processes*, N.Y. : Springer Verlog.

Robinson, Mike, (1984), *Groups*, N.Y. : John Wiley & Sons.

Berger, Suzanne ed., (1981), *Organizing Interests in Western Europe*, Cambridge and New York: Cambridge University Press.

Berry, Jeffrey, (1984), *The Interest Group Society*, Boston: Little Brown.

Chubb, John, (1983), *Interest Groups and the Bureaucracy*, Stanford: Stanford University Press.

Garson, G. David, (1978), *Group Theories of Politics*, Beverly Hills: Sage Publications.

Greenstone, J. David, (1977), *Labor in American Politics*, Chicago: University of Chicago Press.

Moe, Terry, (1980), *The Organization of Interests*, Chicago: University of Chicago Press.

Olsen, Johann, (1983), *Organized Democracy: Political Institutions in a Welfare State*, Oslo: Universitets- forlaget.

Wilson, Graham K., (1981), *Interest Groups in the United States*, Oxford and New York: Oxford University Press.

# 附錄

# 附錄一

## 人民團體法

中華民國三十一年二月十日國民政府制定公布全文20條
中華民國七十八年一月二十七日總統（78）華總（一）義字第0516號
令修正公布名稱及全文67條
中華民國八十一年七月二十七日總統（81）華總（一）義字第3639號
令修正名稱；並修正第2、48、52、58～60、62條條文；增訂第
46-1條條文
中華民國八十二年十二月三十一日總統（82）華總（一）義字第7112
號修正公布令增訂第50-1條條文
中華民國九十一年四月二十四日總統（91）華總一義字第
09100075600號令修正公布第3、46-1條條文
中華民國九十一年十二月十一日總統華總一義字第09100239600號令
修正公布第53、55、58～61條條文；並刪除第64、65條條文

## 第一章　通則

第1條　人民團體之組織與活動，依本法之規定；其他法律有特別規定
　　　　者，適用其規定。

第2條　人民團體之組織與活動，不得主張共產主義，或主張分裂國土。

第3條　本法所稱主管機關：在中央及省為內政部；在直轄市為直轄市政
　　　　府；在縣（市）為縣（市）政府。但其目的事業應受各該事業主
　　　　管機關之指導、監督。

第4條　人民團體分為左列三種：
　　　　一、職業團體。
　　　　二、社會團體。
　　　　三、政治團體。

第5條　人民團體以行政區域為其組織區域，並得分級組織。
　　　　前項分級組織之設立，應依本法規定向當地主管機關辦理。

第6條　人民團體會址設於主管機關所在地區。但報經主管機關核准者，
　　　　得設於其他地區，並得設分支機構。

第7條　人民團體在同一組織區域內，除法律另有限制外，得組織二個以
　　　　上同級同類之團體，但其名稱不得相同。

## 第二章　設立

第8條　人民團體之組織，應由發起人檢具申請書、章程草案及發起人名

冊，向主管機關申請許可。

前項發起人須滿二十歲，並應有三十人以上，且無左列情事爲限：

一、因犯罪經判處有期徒刑以上之刑確定，尚未執行或執行未畢者。但受緩刑宣告者，不在此限。

二、受保安處分或感訓處分之裁判確定，尚未執行或執行未畢者。

三、受破產之宣告，尚未復權者。

四、受禁治產之宣告，尚未撤銷者。

第一項申請書格式由中央主管機關定之。

第9條　人民團體經許可設立後，應召開發起人會議，推選籌備委員，組織籌備會，籌備完成後，召開成立大會。

籌備會會議及成立大會，均應通知主管機關，主管機關得派員列席。

第10條　人民團體應於成立大會後三十日內檢具章程、會員名冊、選任職員簡歷冊，報請主管機關核准立案，並發給立案證書及圖記。

第11條　人民團體經主管機關核准立案後，得依法向該管地方法院辦理法人登記，並於完成法人登記後三十日內，將登記證書影本送主管機關查備。

第12條　人民團體章程應載明左列事項：

一、名稱。

二、宗旨。

三、經織區域。

四、會址。

六、組織。

七、會員入會、出會與除名。

八、會員之權利與義務。

九、會員代表及理事、監事之名額、職權、任期及選任與解任。

十、會議。

十一、經費及會計。

十二、章程修改之程序。

十三、其他依法令規定應載明之事項。

## 第三章　會員

第13條　人民團體之會員代表係指由會員單位推派或下級團體選派或依第二十八條規定分區選出之代表；其權利之行使與會員同。

第14條　人民團體會員（會員代表）有違反法令、章程或不遵守會員（會員代表）大會決議而致危害團體情節重大者，得經會員（會員代表）大會決議予以除名。

第15條　人民團體會員有左列情事之一者，爲出會：

一、死亡。

二、喪失會員資格者。

三、經會員（會員代表）大會決議除名者。

第16條　人民團體會員（會員代表）有表決權、選舉權、被選舉權與罷免權。每一會員（會員代表）爲一權。

## 第四章　職員

第17條　人民團體均應置理事、監事，就會員（會員代表）中選舉之，其名額依左列之規定：

一、縣（市）以下人民團體之理事不得逾十五人。

二、省（市）人民團體之理事不得逾二十五人。

三、中央直轄人民團體之理事不得逾三十五人。

四、各級人民團體之監事名額不得超過該團體理事名額三分之一。

五、各級人民團體均得置候補理監事；其名額不得超過該團體理監事名額三分之一。

前項各款理事、監事名額在三人以上者，得分別互選常務理事及常務監事，其名額不得超過理事或監事總額之三分之一；並由理事就常務理事中選舉一人爲理事長，其不設常務理事者，就理事中互選之。常務監事在三人以上時，應互推一人爲監事會召集人。

第18條　人民團體理事會、監事會應依會員（會員代表）大會之決議章程之規定，分別執行職務。

第19條　上級人民團體理事、監事之當選，不限於下級人民團體選派出席之代表。

下級人民團體選派出席上級人民團體之代表，不限於該團體之理事、監事。

第20條　人民團體理事、監事之任期不得超過四年，除法律另有規定或章程另有限制外，連選得連任。理事長之連任，以一次爲限。

第21條　人民團體理事、監事均爲無給職。

第22條　人民團體理事、監事執行職務，如有違反法令、章程或會員（會員代表）大會決議情事者，除依有關法令及章程處理外，得經會員（會員代表）大會通過罷免之。

第23條　人民團體理事、監事有左列情事之一者，應即解任，其缺額由候補理事、候補監事分別依次遞補：

一、喪失會員（會員代表）資格者。

二、因故辭職經理事會或監事會決議通過者。

三、被罷免或撤免者。

四、受停權處分期間逾任期二分之一者。

第24條　人民團體依其章程聘僱工作人員，辦理會務、業務。

## 第五章 會議

第25條　人民團體會員（會員代表）大會，分定期會議與臨時會議二種，由理事長召集之。

定期會議每年召開一次；臨時會議於理事會認為必要，或經會員（會員代表）五分之一以上之請求，或監事會函請召集時召開之。

第26條　人民團體會員（會員代表）大會之召集，應於十五日前通知各會員（會員代表）。但因緊急事故召集臨時會議，經於開會前一日送達通知者，不在此限。

前項會議應報請主管機關派員列席。

第27條　人民團體會員（會員代表）大會之決議，應有會員（會員代表）過半數之出席，出席人數過半數或較多數之同意行之。但左列事項之決議應有出席人數三分之二以上同意行之：

一、章程之訂定與變更。

二、會員（會員代會）之除名。

三、理事、監事之罷免。

四、財產之處分。

五、團體之解散。

六、其他與會員權利義務有關之重大事項。

第28條　人民團體會員（會員代表）人數超過三百人以上者，得劃分地區，依會員（會員代表）人數比例選出代表，再合開代表大會，行使會員大會職權。

前項地區之劃分應選代表名額之分配，應報請主管機關核備。

第29條　人民團體理事會、監事會，每三個月至少舉行會議一次，並得通知候補理事、候補監事列席。

前項會議之決議，各以理事、監事過半數之出席，出席人數過半數或較多數之同意行之。

第30條　人民團體理事長或監事會召集人，無正當理由不召開理事會或監事會超過二個會次者，應由主管機關解除理事長或監事會召集人職務，另行改選或改推。

第31條　人民團體理事、監事應親自出席理事、監事會議，不得委託他人代理；連續二次無故缺席者，視同辭職，由候補理事、候補監事依次遞補。

第32條　人民團體會員（會員代表）大會或理事會不能依法召開時，得由主管機關指定理事一人召集之；監事會不能依法召開時，得由主管機關指定監事一人召集之。

## 第六章 經費

第33條　人民團體經費來源如左：

一、入會費。

二、常年會費。

三、事業費。

四、會員捐款。

五、委託收益。

六、基金及其孳息。

七、其他收入。

前項第一款至第四款經費之繳納數額及方式,應提經會員(會員代表)大會通過,並報請主管機關核備後行之。

第34條 人民團體應每年編造預算、決算報告,提經會員(會員代表)大會通過,並報主管機關核備。但決算報告應先送監事會審核,並將審核結果一併提報會員(會員代表)大會。

## 第七章　職業團體

第35條 職業團體係以協調同業關係,增進共同利益,促進社會經濟建設為目的,由同一行業之單位,團體或同一職業之從業人員組成之團體。

第36條 上級職業團體須其下一級團體逾半數完成組織後,始得發起組織。但經中央主管機關核准者,不在此限。

第37條 職業團體以其組織區域內從事各該行職業者為會員。

下級職業團體應加入其上一級職業團體為會員。

職業團體不得拒絕具有會員資格者入會。

第38條 職業團體會員(會員代表)不能親自出席會員(會員代表)大會時,得以書面委託其他會員(會員代表)代理。但委託出席人數,不得超過該次會議親自出席人數之三分之一。

每一會員(會員代表)以代理一人為限。

## 第八章　社會團體

第39條 社會團體係以推展文化、學術、醫療、衛生、宗教、慈善、體育、聯誼、社會服務或其他以公益為目的,由個人或團體組成之團體。

第40條 社會團體有分級組織者,下級團體應加入其上級團體為會員。

第41條 社會團體選任職員之職稱及選任與解任事項,得於其章程另定之。但須經主管機關之核准。

第42條 社會團體會員(會員代表)不能親自出席會員(會員代表)大會時,得以書面委託其他會(會員代表)代理,每一會員(會員代表)以代理一人為限。

第43條 社會團體理事會、監事會,每六個月至少舉行會議一次。

## 第九章　政治團體

第44條　政治團體係以共同民主政治理念，協助形成國民政治意志，促進國民政治參與爲目的，由中華民國國民組成之團體。

第45條　符合左列規定之一者爲政黨：
一、全國性政治團體以推薦候選人參加公職人員選舉爲目的，依本法規定設立政黨，並報請中央主管機關備案者。
二、已立案之全國性政治團體，以推薦候選人參加公職人員選舉爲目的者。

第46條　依前條第一款規定設立政黨者，應於成立大會後三十日內，檢具章程及負責人名冊，報請中央主管機關備案，並發給證書及圖記。
前條第二款之政黨，應於選舉公告發布之日前，檢具章程及負責人名冊，向中央主管機關申請備案。

第46-1條　依前條規定備案之政黨，符合下列各款規定者，得經中央主管機關核准後，依法向法院辦理法人登記：
一、政黨備案後已逾一年。
二、所屬中央、直轄市、縣（市）民選公職人員合計五人以上。
三、擁有新台幣一千萬元以上之財產。
前項政黨法人之登記及其他事項，除本法另有規定外，準用民法關於公益社團之規定。

第47條　政黨以全國行政區域爲其組織區域，不得成立區域性政黨。但得設分支機構。

第48條　依第四十六條規定設立之政黨，得依法推薦候選人參加公職人員選舉。

第49條　政治團體應依據民主原則組織與運作，其選任職員之職稱、名額、任期、選任、解任、會議及經費等事項，於其章程中另定之。

第50條　政黨依法令有平等使用公共場地及公營大眾傳播媒體之權利。

第50-1條　政黨不得在大學、法院或軍隊設置黨團組織。

第51條　政治團體不得收受外國團體、法人、個人或主要成員爲外國人之團體、法人之捐助。

第52條　內政部設政黨審議委員會，審議政黨處分事件。
政黨審議委員會由社會公正人士組成，其具有同一黨籍者，不得超過委員總額二分之一；其組織由內政部定之。

## 第十章　監督與處罰

第53條　申請設立之人民團體有違反第二條或其他法令之規定者，不予許可；經許可設立者，廢止其許可。

第54條　人民團體經核准立案後，其章程、選任職員簡歷冊或負責人名冊
　　　　如有異動，應於三十日內報請主管機關核備。

第55條　人民團體經許可設立後逾六個月未成立者，廢止其許可。但報經
　　　　主管機關核准者，得延長之，其期間以三個月為限。

第56條　人民團體因組織區域之調整或其他原因有合併或分立之必要者，
　　　　得申請主管機關核定合併或分立。

第57條　人民團體成績優良者，主管機關得予獎勵；其獎勵辦法由中央主
　　　　管機關定之。

第58條　人民團體有違反法令、章程或妨害公益情事者，主管機關得予警
　　　　告、撤銷其決議、停止其業務之一部或全部，並限期令其改善；
　　　　屆期未改善或情節重大者，得為左列之處分：
　　　　一、撤免其職員。
　　　　二、限期整理。
　　　　三、廢止許可。
　　　　四、解散。
　　　　前項警告、撤銷決議及停止業務處分，目的事業主管機關亦得為
　　　　之。但為撤銷決議或停止業務處分時，應會商主管機關後為之。
　　　　對於政黨之處分，以警告、限期整理及解散為限。政黨之解散，
　　　　由主管機關檢同相關事證移送司法院大法官組成憲法法庭審理
　　　　之。
　　　　前項移送，應經政黨審議委員會出席委員三分之二以上認有違憲
　　　　情事，始得為之。

第59條　人民團體有左列情事之一者，應予解散：
　　　　一、經主管機關廢止許可者。
　　　　二、破產者。
　　　　三、合併或分立者。
　　　　四、限期整理未如期完成者。
　　　　五、會員（會員代表）大會決議解散者。
　　　　前項第四款於政黨之解散不適用之。

第60條　未經依法申請許可或備案而成立人民團體，經主管機關通知限期
　　　　解散而屆期不解散者，處新台幣六萬元以下罰鍰。
　　　　人民團體經主管機關廢止許可或解散並通知限期解散而屆期不解
　　　　散者，亦同。

第61條　未經依法申請許可或備案而成立人民團體，經該管主管機關通知
　　　　限期解散而屆期不解散，仍以該團體名義從事活動經該管主管機
　　　　關制止而不遵從，首謀者，處二年以下有期徒刑或拘役。
　　　　人民團體經主管機關廢止許可或解散並通知限期解散而屆期不解
　　　　散，仍以該團體名義從事活動，經該管主管機關制止而不遵從，
　　　　首謀者，亦同。

第62條　違反第五十一條規定收受捐助者，處二年以下有期徒刑、拘役或

新台幣六萬元以下罰金。

犯前項之罪者，所收受之捐助沒收之。如全部或一部不能沒收時，追徵其價額。

第63條　依本法所處罰鍰，經通知後逾期不繳納者，移送法院強制執行。

## 第十一章　附則

第64條　（刪除）

第65條　（刪除）

第66條　人民團體選任職員之選舉罷免、工作人員之管理與財務之處理，其辦法由中央主管機關定之。

第67條　本法自公布日施行。

# 附錄二

## 督導各級人民團體實施辦法

中華民國七十年十二月十九日內政部（70）台內社字第59762號令修
正發布名稱及全文24條
中華民國八十年五月二十七日內政部（80）台內社字第921080號令修
正發布名稱及全文24條
中華民國八十八年六月二十三日內政部（88）台內社字第8881247號
令修正發布全文24條

第1條　爲督導各級人民團體健全組織發揮功能，特訂定本辦法。

第2條　本辦法所稱人民團體，係指依法設立之職業團體及社會團體。

第3條　人民團體理事、監事之人數應定額並爲奇數。

第4條　人民團體應建立會員（會員代表）會籍資料，隨時辦理異動登
　　　　記，並由理事會於召開會員（會員代表）大會十五日前審定會員
　　　　（會員代表）資格，造具名冊，報請主管機關備查。

第5條　人民團體應於召開會員（會員代表）大會十五日前，或召開理事
　　　　會議、監事會議、理事監事聯席會議七日前，將會議種類、時
　　　　間、地點連同議程通知各應出席人員並報請主管機關及目的事業
　　　　主管機關備查。但因緊急事故召集臨時會議，經於開會前一日送
　　　　達通知者，不在此限。

　　　　會員（會員代表）大會會議紀錄，應載明出席、缺席、請假者之
　　　　人數，於閉會後三十日內報請主管機關及目的事業主管機關備
　　　　查。

　　　　會員（會員代表）大會、理事會議、監事會議及理事監事聯席會
　　　　議之決議應報請主管機關或目的事業主管機關核辦者，須檢附會
　　　　議紀錄分別專案處理，並將處理情形提報下次會議。

　　　　主管機關及目的事業主管機關於人民團體召開會員（會員代表）
　　　　大會、理事會議、監事會議、理事監事聯席會議時得派員列席。

第6條　人民團體理事或監事認爲必要，並經理事或監事過半數之連署，
　　　　得函請理事長或監事會召集人（常務監事）召開臨時理事會議或
　　　　監事會議。如理事長或監事會召集人（常務監事）無故不爲召開
　　　　時，得由連署人報請主管機關指定理事或監事一人召集之。

第7條　人民團體理事會議、監事會議應分別舉行，必要時，得召開理事
　　　　監事聯席會議。

　　　　前項聯席會議，應有理事、監事各過半數之出席，始得開會。其

決議各以出席理事、監事過半數或較多數之同意行之。

第8條　人民團體各項會議出席人數之計算，以簽到或報到人數為準。但出席人提出清查在場人數之動議時，應清查在場人數，以清查結果為準。

前項動議不需附議。但原動議人得於清查結果宣布前收回之。

第9條　人民團體召開理事會議時，監事會召集人（常務監事）得列席；召開監事會議時，理事長得列席。

第10條　人民團體之經費收支及工作執行情形，應於每次理事會議時提出審議，並由理事會送請監事會監察，監事會監察發現有不當情事者，應提出糾正意見，送請理事會處理，如理事會不為處理時，監事會得提報會員（會員代表）大會審議。

第11條　人民團體於每屆理事、監事改選前，應將立案證書、圖記、未完成案件、檔案、財務及人事等資料造具清冊一式三份，於下屆理事長選出後，以一份連同立案證書、圖記移交新任理事長及監交人，並於十五日內由新任理事長會同監交人接收完畢。逾期未完成移交者，除依法處理外，得報請主管機關將原發圖記或立案證書予以註銷或作廢，重新發給。

前項監交人由新任監事會召集人（常務監事）或新任監事互推一人擔任之。

第12條　人民團體依法設立分支機構，應依章程規定擬具組織簡則，載明設立依據、組成、任務、經費來源等，提經理事會通過，報請主管機關核准後實施。

第13條　主管機關及目的事業主管機關為瞭解人民團體辦理業務或活動之狀況，得通知該團體提出各該業務或活動之實施計畫、執行情形及財務報告。

第14條　人民團體辦理之業務或活動，涉有收費或公開招生、授課、售票、捐募、義賣或其他類似情形者，應依有關法令規定，報請各該目的事業主管機關立案或核准後辦理。其財務收支，事後並應公開徵信。

第15條　社會團體在同一行政區域內之會員人數符合依法設立分級組織者，得於章程內訂定設立分級組織。

前項分級組織之設立，應由各該社會團體出具同意文件。

第16條　人民團體設有分級組織者，上級團體應於章程載明分級組織之名稱、下級團體選派代表名額、上下級團體權利義務關係等有關事項。

第17條　人民團體合併或分立時，有關人事、財產及其他權利義務事項之承受或移轉，應議定辦法經會員（會員代表）大會通過，報請主管機關核定後辦理。

第18條　人民團體有下列情事之一者，主管機關得通知限期改選、補選、改推：

一、理事或監事任期屆滿尚未改選者。

二、理事或監事人數未達章程所定名額三分之二，未補選足額者。

三、經主管機關依法解除理事長或監事會召集人（常務監事）職務後，未另行改選、改推者。

第19條 人民團體有下列情事之一者，主管機關得限期整理：

一、年度內未依章程規定召開會員（會員代表）大會、理事會議、監事會議或經召開未能成會者。

二、經主管機關通知限期改選、補選、改推，逾期未完成者。

三、經主管機關依法指定召集仍未能成會者。

第20條 人民團體經主管機關限期整理者，其理事、監事之職權應即停止，由主管機關就非現任理事、監事之會員（會員代表）中遴選五人或七人組織整理小組，並指定一人為召集人，於指定後三個月內完成整理工作。

第21條 整理小組之任務如下：

一、接管立案證書、圖記、人事、檔案、財產及清理財務，造具清冊，移交於下屆理事會。

二、清查會籍。

三、召開會員（會員代表）大會，選舉理事、監事。

四、處理下列事項：

    1.政府委託服務事項。

    2.對會員（會員代表）應提供之服務事項。

整理小組於新任理事長選出後十日內應辦理交接完竣，並即解散。

整理小組無法依第一項第一款規定接管立案證書、圖記時，得準用第十一條之規定，報請主管機關將原發立案證書、圖記註銷，重新發給。

第22條 人民團體解散之清算程序，如經法人登記者，除法律另有規定外，依民法之規定辦理；如未經法人登記者，應依章程或會員（會員代表）大會決議辦理，章程未規定或會員（會員代表）大會無法召開時，由主管機關選任清算人，並準用民法清算之規定辦理。

第23條 人民團體之考核評鑑，由主管機關辦理；其涉及目的事業者，得會同目的事業主管機關為之。

第24條 本辦法自發布日施行。

# 附錄三

## 人民團體選舉罷免辦法

中華民國五十七年八月十六日內政部台（57）內社字地283613號令公布試行

中華民國五十九年十一月十六日內政部台（59）內社字第390355號令修正公布

中華民國七十九年六月二十九日內政部台（79）內社字第811415號令修正發布

中華民國八十一年七月三十日內政部台（81）內社字第8185396號令修正發布

中華民國八十五年二月十四日內政部台（85）內社字第8578415號令修正發布

第1條　本辦法依人民團體法第六十六條規定訂定之。

　　　　人民團體之選舉或罷免，除法令另有規定外，依本辦法之規定辦理。

第2條　本辦法所稱人民團體之選舉或罷免，係指依法設立之各級人民團體選舉或罷免理事、監事、常務理事、常務監事、理事長或會員代表而言。

　　　　前項會員代表，係指依法令或章程規定分區選出之出席會員代表大會之代表。

第3條　人民團體之選舉或罷免除第三十五條及第四十條規定外，應以集會方式辦理。

第4條　人民團體之選舉，其應選出名額為一名時，採用無記名單記法；二名以上時，採用無記名連記法。但以集會方式選舉者，經出席會議人數三分之一以上之同意，得採用無記名限制連記法。

　　　　前項無記名限制連記法，其限制連記額數為應選出名額之二分之一以內，並不得再作限制名額之主張。

第5條　人民團體理事、監事及會員代表之選舉或罷免，應由理事會在召開會議十五日前，審定會員（會員代表）之資格，造具名冊，報請主管機關備查，更換時亦同。

　　　　前項會員（會員代表）名冊所列之會員（會員代表）如無選舉權，被選舉權或罷免權者，應在其姓名下端註明。

第6條　人民團體之選舉或罷免如經出席人數過半數之同意得移列於報告事項之後討論事項之前舉行。

第7條　人民團體之選舉應使用選舉票，其格式分爲左列三種並應載明團體名稱、選舉屆次、職稱及年月日等，由各該團體理事會（許可設立中之團體由籌備會）擇一採用：

一、將全體被選舉人姓名印入選舉票，由選舉人圈選者。

二、按應選出名額劃定空白格位，由選舉人填寫者。

三、將參考名單所列之候選人印入選舉票，由選舉人圈選，並預留與應選出名額同額之空白格位，由選舉人填寫之。

前項第三款參考名單所列之候選人，得依章程規定或經會員（會員代表）大會決議，由理事會提出；或由會員（會員代表）向所屬團體登記，其人數爲應選出名額同額以上，如登記名額不足應選出名額時，由理事會（許可設立中之團體由籌備會）決議提名補足之。但被選舉人不以參考名單所列者爲限。

人民團體之罷免票應載明團體名稱、職稱及年月日等，並將全體被聲請罷免人姓名印入罷免票，由罷免人圈選之。

人民團體之選舉票、罷免票格式如附式（一）（二）（三）（四）（五）

（備　註：附式一～五請參閱中華民國現行法規彙編83年5月版（四）第2263-2266頁）

第8條　人民團體之選舉票或罷免票，應由各該團體自行印製，並蓋用各該團體圖記及由監事會推派之監事或由監事會召集人（常務監事）簽章後，始生效力。許可設立中之團體蓋用籌備會戳記及由召集人簽章。

第9條　人民團體之會員（會員代表）因故不能出席會員（會員代表）大會參加選舉或罷免時，得以書面委託各該團體之其他會員（會員代表）出席，並行使其權利，但一人僅能受一會員（會員代表）之委託。在職業團體，其委託出席人數除法律另有規定外，不得超過親自出席人數之三分之一。會員（會員代表）如有類別之限制者，應委託其同一類別之會員（會員代表）出席。

前項委託出席人數及親自出席人數之計算，以簽到簿所列者爲準。

會員（會員代表）委託其他會員（會員代表）出席後，如本人親自出席會議，應以書面終止委託並辦理簽到後行使本人之權利。

分區選舉會員代表時，其委託依第一項規定辦理。但職業團體如非以集會方式分區選舉會員代理者不得委託。

第10條　人民團體之會員（會員代表）親自或受委託出席會員（會員代表）大會時，應在簽到簿上簽到，並出示身分證明，經與會員（會員代表）名冊核對無誤後，領取出席證或委託出席證，佩掛進入會場。

前項出席證與委託出席證應區分顏色印製，分別書明會員（會員代表）姓名及委託人姓名，並按簽到先後次序編號。

第11條　人民團體之選舉或罷免，在發選舉或罷免票前應由會議主席或其指定人員說明選舉或罷免之名稱、職稱、應選出名額、或被聲請罷免人姓名、選舉或罷免方法、無效票之鑑定及選務工作人員之職責等有關選舉或罷免注意事項，並由選舉人或罷免人互推或由會議主席指定監票員、發票員、唱票員及記票員各若干人，辦理監票、發票、唱票及記票事宜。

第12條　人民團體之選舉或罷免，於發票前主席應宣布停止辦理簽到，並報告出席人數及投票截止時間後，由發票員開始發票。

第13條　人民團體選舉或罷免開始時，會議主席得宣布與選舉或罷免無關之人員暫離會場。

第14條　人民團體之選舉或罷免，應設置投票匭，經監票員檢查後，當場封閉。

第15條　人民團體之選舉或罷免，各選舉人或罷免人應憑出席證或委託出席證親自領取選舉或罷免票一張。選舉人或罷免人應親自在指定之場所圈寫選舉或罷免票，並親自投入票匭。

選舉人或罷免人因不識字或身心障礙致無法圈寫時，得請求監票員或會議所推定之代書人，依該選舉人或罷免人之意旨，代為圈寫。

第16條　人民團體之選舉或罷免，出席人有左列情事之一者，由監票員予以警告，不服警告時，報告會議主席，由會議主席視情節提經出席人三分之二以上之同意，當場宣布取銷其選舉權、被選舉權、罷免權或禁止其出席該次會議之權利，並應於會議紀錄中敘明：

一、妨礙會場秩序或會議之進行者。

二、攜帶武器或危險物品者。

三、在旁監視、勸誘或干涉其他選舉人或罷免人圈投選舉或罷免票者。

四、集體圈寫選舉或罷免票或將已圈寫之票明示他人者。

五、未依第十五條規定圈投者。

第17條　人民團體之選舉或罷免，應以集中開票為原則。但如選舉票或罷免票過多時，得分組開票，再行彙計各被選舉人或被聲請罷免人實得總票數。

第18條　選舉票或罷免票有左列情事之一者無效：

一、未依第八條及第三十七條之規定辦理者。

二、圈寫（含塗改）之被選舉人總計超出規定應選出名額或連記額數者；或在罷免票上圈「同意罷免」「不同意罷免」二種者。

三、夾寫其他文字或符號者。但被選舉人或被聲請罷免人如有二人以上同姓名，由選舉人或罷免人在其姓名下註明區別者，不在此限。

四、所圈寫之被選舉人或被聲請罷免人姓名與會員（會員代表）

附　錄　三　人　民　團　體　選　舉　罷　免　辦　法

　　　　　名冊不符者。
五、所圈地位不能辨別為何人或「同意罷免」「不同意罷免」
　　者。
六、圈寫後經塗改者。
七、書寫字跡模糊，致不能辨識者。
八、用鉛筆圈寫者。但採電腦計票作業者，不在此限。
九、在選舉票或罷免票上附任何物件，顯有暗號作用者。
十、將選舉票或罷免票污染致不能辨別者。
十一、簽名、蓋章或捺指模者。
十二、將選舉票或罷免票撕破，致不完整者。
十三、不加圈寫，完全空白者。
　　前項第四款至第七款如屬部分性質者，當場由會議主席會同全體
　　監票員認定該部分為無效。認定有爭議時，由會議主席與全體監
　　票員表決之。表決結果正反意見同數者，該選舉票應為無效。
第19條　人民團體之選舉，如在同一選舉票上，對同一被選舉人書寫二次
　　　　以上者，以一票計算。
第20條　人民團體之理事、監事選出後，應於大會閉會之第七日起至十五
　　　　日內分別召開理事會、監事會，由原任理事長、監事會召集人
　　　　（常務監事）召集之，許可設立中之團體由籌備會召集人召集，
　　　　如逾期不為召集時，由得票最多數之理事、監事或由主管機關指
　　　　定理事、監事召集之。無法於前述時間內召開，得報請主管機關
　　　　核准延長之。
　　　　理事會、監事會會議於大會當日召開者，應於召開會員（會員代
　　　　表）大會時一併通知。但依法令或章程規定，理事、監事之當選
　　　　不限於出席之會員（會員代表）者，不得於大會當日召開理事
　　　　會、監事會會議。
第21條　人民團體之選舉，凡具有被選舉資格者，均得為當選人。
　　　　前項當選人，不以親自出席會議者為限。
第22條　人民團體之被選舉人依照法令或章程規定應受不得連任之限制
　　　　者，不得當選。
第23條　人民團體有限制連任之規定者，其現任理事、監事如因會員（會
　　　　員代表）資格喪失而解職，同時又以另一會員（會員代表）資格
　　　　加入該團體者，在改選或補選時，仍應受不得連任之限制。
　　　　應受連任限制之理事或監事，不得當選為候補理事或候補監事。
第24條　人民團體之會員（會員代表）大會因修改章程在法定名額內增加
　　　　理事、監事名額時，其增加之名額，應先由候補理事、候補監事
　　　　依次遞補後，如有缺額，再辦補選。
第25條　人民團體之選舉，其當選及候補當選名次按應選出名額，以得票
　　　　多寡為序。票數相同時，以抽籤定之，如當選人未在場或雖在場
　　　　經唱名三次仍不抽籤者，由會議主席或主持人代為抽定。

前項當選人得當場或於就任前以書面聲明放棄當選。

第26條　人民團體之會員（會員代表），如一人同時當選為理事與監事或候補理事與候補監事時，由當選人當場擇一擔任，如當選人未在場或在場而未能擇定者，以得票較多之職位為當選；票數相同時，以抽籤定之，如一人同時為正式當選及候補當選時，以正式當選者為準。

第27條　人民團體理事、監事出缺時，應以候補理事、候補監事依次遞補，經遞補後，如理事、監事人數未達章程所定名額三分之二時，應補選足額。人民團體之理事長、常務理事或監事會召集人（常務監事）出缺時，應自出缺之日起一個月內補選之。

第28條　人民團體之會員（會員代表），如一人同時具有兩個以上之會員（會員代表）資格者，應具有二個以上選舉權或罷免權，但被選舉權仍以一個為限。

第29條　人民團體如有團體會員及個人會員者，該團體會員選派之每一會員代表，其選舉權、被選舉權及罷免權應與個人會員同。

第30條　人民團體選舉之當選名額，依法令或章程規定應受選出名額產生比例之限制者，應按其應選出名額產生比例，依第二十五條之規定分別計算之。如遇有缺額遞補時，應以同類之候補當選人依次遞補。

第31條　人民團體之選舉或罷免，在開始前，出席人如未提出清查在場人數之動議，其選舉或罷免應隨該會議之合法而有效；如提出此項動議，應即清查在場人數，須足法定出席人數時，方可開始選舉或罷免。

第32條　（刪除）

第33條　人民團體之理事、監事應於任期屆滿前一個月內辦理改選，如確有困難時，得申請主管機關核准延長，其期限以不超過三個月為限，屆期仍未完成改選者，由主管機關限期整理。

第34條　上級人民團體之理事、監事，如係由下級人民團體所派之會員代表當選者，其當選之職位，應隨其在下級人民團體會員（會員代表）資格之喪失而喪失。

第35條　人民團體理事、監事之選舉，得於章程訂定採用通訊選舉，但不得連續辦理。

前項通訊選舉辦法應提經理事會議通過報請主管機關核備後行之。

第36條　人民團體之通訊選舉，應由各該團體於預定開票日一個月前按全體會員（會員代表）人數，以掛號郵寄選舉票，不得遺漏，並由監事會負責監督之。其無法送達者，應於開票時提出報告，並列入會議記錄。

前項選舉票應載明寄回截止時間。

第37條　通訊選舉應用雙重封套，寄由選舉人拆去外套，並將經圈寫後之

選舉票納入內套後，密封掛號寄還。選舉票經寄回後，應即投入票匭，於開票時當場拆封。

第38條　通訊選舉之開票，應在理事會議行之，由監事會派員監督。開票結果，應以書面通知各會員（會員代表）。

第39條　通訊選舉票如未以掛號寄回或在宣布選舉結果後寄回者，視爲廢票。

第40條　人民團體會員（會員代表）人數超過三百人以上者，得劃分地區依會員（會員代表）人數比例選出出席會員代表大會之代表。

前項分區選舉辦法，應提經理事會通過報請主管機關核備後實施。

第41條　人民團體之選舉或罷免，經截止投票後，應即當場開票，並由會議主席或其指定人員宣布選舉或罷免結果。但如發覺選舉或罷免有違法舞弊之嫌者，會議主席得會同監票員宣布將票匭加封，並報請主管機關核辦。

對前項宣布之選舉或罷免結果有異議者，出席之選舉人、被選舉人、罷免人或被罷免人應當場向會議主席提出，並應於三日內（以郵戳爲憑）以書面申請主管機關核辦。未出席或出席未當場表示異議或逾期提出異議者，於事後提出異議，均不予受理。

選舉人對分區選舉會員代表之結果有異議者，應當場向會議主席或主持人提出，由會議主席或主持人轉報主管機關核辦，事後提出者，主管機關不予受理。

第42條　人民團體之選舉或罷免，在開票完畢宣布結果後，所有選舉或罷免票應予包封，並在封面書明團體名稱、屆次、職稱、選舉或罷免票張數及年月日等，由會議主席及監票員會同驗簽後，交由各該團體妥爲保管，如無爭訟，俟任期屆滿改選完畢後，自行銷毀之。

第43條　人民團體之選舉或罷免，在結果揭曉後三十日內，應由各該團體造具當選人簡歷冊或被罷免人名冊報請主管機關核備。

第44條　人民團體之理事長、常務理事、常務監事或理事、監事之辭職應以書面提出，並分別經由理事會或監事會之決議，准其辭職，並於會員（會員代表）大會舉行時提出報告。

理事長、常務理事、常務監事、理事、監事辭職後，不得在原任期內再行當選同一職務，經辭職之理事、監事，不得退爲候補理事、候補監事；候補理事、候補監事以書面放棄遞補者，不得保留其候補身分。

第45條　人民團體理事、監事之任期應自召開本屆第一次理事會之日起計算。

第46條　人民團體之原選舉人對於所選之理事長、常務理事、常務監事、理事、監事或會員代表，非經就位之日起滿六個月後，不得罷免。

第47條　罷免案應擬具罷免聲請書，敘述理由，經原選舉人總數三分之一以上之簽署，方得向該團體提出，並副知主管機關。

第48條　人民團體如查明罷免聲請書簽署人有不實者，或於向該團體提出罷免聲請書之日起三日內，經原簽署人申請撤回簽署者，應即剔除，其因剔除致不足法定人數時，應於收到該聲請書之日起五日內退還，並副知主管機關。

第49條　人民團體於收到罷免聲請書之日起十五日內，應將查明簽署屬實及其人數合於規定之罷免聲請書副本，通知被聲請罷免人在收到副本之日起十五日內，向該團體提出答辯書，逾期即視爲放棄答辯權利。

答辯書之副本應由彼聲請罷免人副知主管機關。

第50條　罷免聲請書副本送達被聲請罷免人時，應以郵局回執或送件回單爲憑。

第51條　人民團體應在被聲請罷免人提出答辯書截止日期後之十五日內，由理事長或監事會召集人或常務監事召開被聲請罷免人原當選之理事會、監事會或會員（會員代表）大會，經應出席人數過半數之出席，出席人數三分之二以上之同意爲通過罷免，未達三分之二者爲否決罷免。

理事長或監事會召集人或常務監事不依前項規定召集會議時，或其本人爲被聲請罷免人時，應申請主管機關指定其他理事、監事召集之。

第52條　人民團體之罷免案，經召集會議，因未達法定人數流會者，應視爲否決罷免。

第53條　人民團體因罷免案舉行會議時，應將罷免聲請書及答辯書同時分發各出席人，並當場宣讀。

第54條　罷免案如經否決，在本任期內對同一被聲請罷免人，不得再以同一理由提出罷免。

第55條　人民團體之罷免案，在未提出會議前，得由原簽署人全體同意撤回之，提出會議後，應得原簽署人全體同意，並應由會議主席徵詢出席人三分之二以上同意後，始得撤銷。

被聲請罷免人出席會議時，不得擔任該會議主席。

第56條　本辦法自發布日施行。

附式（一）

（團體名稱）第○屆（理、監事）選舉票

| 編號 | 圈選 | 候選人 | 編號 | 圈選 | 候選人 | 編號 | 圈選 | 候選人 |
|---|---|---|---|---|---|---|---|---|
| 1. | | 姓名 | 11. | | 姓名 | 21. | | 姓名 |
| 2. | | 姓名 | 12. | | 姓名 | 22. | | 姓名 |
| 3. | | 姓名 | 13. | | 姓名 | 23. | | 姓名 |
| 4. | | 姓名 | 14. | | 姓名 | 24. | | 姓名 |
| 5. | | 姓名 | 15. | | 姓名 | 25. | | 姓名 |
| 6. | | 姓名 | 16. | | 姓名 | 26. | | 姓名 |
| 7. | | 姓名 | 17. | | 姓名 | 27. | | 姓名 |
| 8. | | 姓名 | 18. | | 姓名 | 28. | | 姓名 |
| 9. | | 姓名 | 19. | | 姓名 | 29. | | 姓名 |
| 10. | | 姓名 | 20. | | 姓名 | 30. | | 姓名 |

（蓋團體圖記）

（監事會推派監事簽章）

中華民國　○　年　○　月　○　日

說明：

一、本格式係將全體被選舉人姓名印入選舉票（請依人數增減欄數，本範例為三十人）。

二、應選名額、圈選方式等事項應印入選舉票中。採無記名連記法者於圈選時不得超過應選出名額，惟如經出席會議人數三分之一以上同意採用無記名限制連記法，其圈選總數為應選出名額之二分之一以內。圈選方式，係在圈選欄打「○」之記號。

人民團體經營管理

附式（二）

（團體名稱）第○屆（理、監事）選舉票

填選候選人

監事會簽章
推派監事

（蓋團體圖記）

中華民國　　年　○　月　○　日

說明：一、本格式於應選名額為九人時適用之。如在九人以上（下）時，可依人數增（減）欄數。

二、填選名額、方式等事項應印入選舉票中。採無記名連記法者於填選時不得超過應選名額（本範例連記名額為九人以內），惟如經出席會議人數三分之一以上同意得採用限制連記法，其限制連記額數為應選出名額之二分之一以內（本範例限制連記名額為四人以內）。填選方式係在填選候選人填上欄候選人姓名。

附式（三）

| 編號 | 圈選 | 候選人 姓名 |
|---|---|---|
| 1. | 圈選 | 姓名 |
| 2. | | 姓名 |
| 3. | | 姓名 |
| 4. | | 姓名 |
| 5. | | 姓名 |
| 6. | | 姓名 |
| 7. | | 姓名 |
| 8. | | 姓名 |
| 9. | | 姓名 |

（團體名稱）第○屆（理、監事）選舉票

填選候選人

（蓋團體圖記）○

（監事會簽章）
推派監事 ○

中華民國 ○ 年 ○ 月 ○ 日

說明：

一、本格式於應選名額為九人時適用之。如在九人以上（下）時，可依人數增（減）欄數。

二、本格式係將候選人參考名單（本範例係應選出理（監）事九人）印入選舉票，參考名單應為選出名額之同額以上（本範例參考名單欄數可再增加），並預留與應選出名額同額之空白格位。

三、圈、填選名額、方式等事項應印入選舉票中。採無記名連記法者圈寫時不得超過應選出名額（本範例連記名額為九人以內），惟如經出席會議人數三分之一以上同意得採用限制連記法，其限制連記額數為應選出名額之二分之一以內（本範例限制連記名額為四人以內）。圈、填選方式在圈選欄打「○」之記號，或在填選候選人欄填上候選人姓名。

268

人
民
團
體
經
營
管
理

附式（四）

說明：
一、本格式被聲請罷免人僅爲一人時適用之。
二、被聲請罷免人姓名應印入票內。
三、票上空白方格備作圈票之用。

| （團體名稱）第○屆<br>（理　事）<br>（常務理監事）罷免票<br>（監　事）<br>（理　事　長） | 同意罷免<br><br>（被聲請罷免人姓名） | 不同意罷免 | 中華民國　○　年　○　月　○　日<br><br>（蓋團體圖記）　○<br><br>（監事會<br>推派監事<br>簽章） |
|---|---|---|---|

附式（五）

| （團體名稱）第○屆（理　監　事）（常務理監事）罷免票 | 同意罷免 | 不同意罷免 | 同意罷免 | 不同意罷免 | 中華民國　○　年　○　月　○　日 |
|---|---|---|---|---|---|
| | （被聲請罷免人姓名） | （被聲請罷免人姓名） | | | （蓋團體圖記）（監事會（推派監事）簽章） |

說明：

一、本格式之罷免欄共二欄，於被聲請罷免人為二人時適用之。如在三人以上時，可依人數增加罷免欄數。

二、票面大小由人民團體視被聲請罷免人之人數多寡自定。

三、被聲請罷免人姓名應印入票內。

四、票上空白方格備作圈票之用。

# 附錄四

# 人民團體獎勵辦法

中華民國七十八年四月二十八日內政部台（78）內社字第691452號令
訂定發布
中華民國八十一年七月三十日內政部台（81）內社字第8185396號令
修正發布

第1條　本辦法依人民團體法第五十七條規定訂定之。

第2條　人民團體之獎勵，除法令另有規定外，依本辦法規定辦理。

第3條　依本辦法獎勵之人民團體，為經主管機關核准立案滿一年成績優
　　　　良之人民團體。

第4條　人民團體之獎勵，由主管機關辦理；其涉及目的事業者，得會同
　　　　目的事業主管機關為之。

第5條　人民團體有左列情事之一者，主管機關得予獎勵：
　　　　一、工作績效考核經主管機關評定成績優良者。
　　　　二、辦理社會公益事業，增進社會福祉，具有貢獻者。
　　　　三、辦理政府指定或委辦之事務，成績優良者。
　　　　四、從事研究發展，按團體設立之宗旨，具有卓越具體成效者。
　　　　五、促進國際聯繫與合作，具有特殊貢獻者。
　　　　六、其他有關促進全民團結和諧、增進社會祥和進步，具有特殊
　　　　　　貢獻者。

第6條　人民團體之獎勵方式如左：
　　　　一、書面嘉獎。
　　　　二、頒發獎狀。
　　　　三、頒發獎牌。
　　　　四、頒發獎金。
　　　　前項第二款至第四款之獎勵，以公開儀式為之。
　　　　第一項獎狀與獎牌格式，由各級主管機關定之，獎金數額由各級
　　　　主管機關視經費編列情形定之。

第7條　人民團體之獎勵，除第五條第一款情事配合定期考核評鑑辦理
　　　　外，由人民團體填具請獎事實表（如附表），檢同有關證明文件陳
　　　　報主管機關審定後獎勵之。
　　　　前項考核評鑑之實施要點，由各級主管機關定之。
　　　　（備　註：附表請參閱中華民國現行法規彙編83年5月版（四）
　　　　第2343頁）

第8條　經主管機關獎勵之人民團體，得受邀參加重要慶典活動及獲優先
　　　　接受政府機關委託辦理有關事務。

第9條　經主管機關獎勵之人民團體，其有功績之會務工作人員由各該團
　　　　體自行獎勵。

第10條　辦理人民團體獎勵所需經費，由各級主管機關按年編列預算支
　　　　應。

第11條　本辦法自發布日施行。

# 附錄五

## 社會團體工作人員管理辦法

中華民國七十八年六月三十日內政部台（78）內社字第709666號令訂
定發布
中華民國八十一年七月三十日內政部台（81）內社字第8185396號令
修正發布

### 第一章　總則

第1條　本辦法依人民團體法第六十六條規定訂定之。

第2條　社會團體工作人員之管理，除法律另有規定外，依本辦法之規定
辦理。其他行政命令與本辦法無牴觸者，仍得適用之。

第3條　本辦法所稱社會團體係指依人民團體法設立之社會團體。

第4條　本辦法所稱工作人員係指由社會團體聘僱，承辦各該團體會務、
業務之人員。

### 第二章　編則

第5條　社會團體工作人員之職稱，規定如左：
一、全國性社會團體得置秘書長、副秘書長、秘書、組長、專
員、組員、辦事員、雇員或其他適當職稱。
二、省（市）級社會團體得置總幹事、副總幹事、秘書、組長、
幹事、雇員或其他適當職稱。
三、縣（市）級以下社會團體得置總幹事、副總幹事、秘書、幹
事、雇員或其他適當職稱。
前項職稱及其員額由理事會通過後報請主管機關備查。

### 第三章　聘僱

第6條　社會團體新進工作人員之年齡不得超過六十五歲，並應符合各該
團體所訂定之資格條件。
前項資格條件應包含學歷、經歷、健康等項目。

第7條　有左列情事之一者，不得聘僱為工作人員，已聘僱者，應予解聘
僱：
一、因犯罪經判處有期徒刑以上之刑確定，尚未執行或執行未畢
者。但受緩刑宣告者，不在此限。
二、受保安處分或感訓處分之裁判確定，尚未執行或執行未畢
者。

　　三、受破產之宣告，尚未復權者。

　　四、受禁治產之宣告，尚未撤銷者。

第8條　工作人員不得由選任之職員擔任。

第9條　社會團體不得聘僱現任理事長之配偶及三親等以內血親、姻親為專任工作人員。但於該理事長接任前已聘僱者，不在此限。

第10條　社會團體聘僱工作人員，應由理事長依第六條至第九條之規定遴選，提經理事會通過，報請主管機關備查。

## 第四章　待遇

第11條　任工作人員之薪給支給標準及福利事項，應由各社會團體視其財務狀況由理事會訂定，提會員（代表）大會通過後實施。

第12條　任或調用人員得經理事會通過酌支車馬費，其金額不得超過同級專任人員薪給之三分之一，其標準由各該團體訂定之。

## 第五章　服務

第13條　工作人員之服務，應遵守左列規定：

　　一、盡忠職守，依法令章程執行職務。

　　二、保守職務上應守之機密。

　　三、應誠實廉潔，不得有足以害團體名譽之行為。

　　四、執行職務應力求切實，不得畏難規避推諉稽延或挑撥是非。

　　五、公款公物非因職務需要，不得動用。

　　六、保管文書財物應盡職責，不得毀損變換私用或借與他人使用。

　　七、離職或調職時應將經管工作交代完妥。

　　八、對於政府交辦或協辦與動員有關之業務，應妥善執行，不得怠忽。

　　違反前項各款規定之一者，團體應按其情節輕重，予以處分或責令賠償或移送司法機關偵辦。

## 第六章　差假勤惰

第14條　專任工作人員辦公時間，以每日八小時，每週四十四小時為原則，其辦公時間由理事會訂定。

第15條　專任工作人員之請假及休假，各社會團體得參照公務人員請假規則有關規定，視實際狀況自行訂定。

## 第七章　考核獎懲

第16條　工作人員經常工作之考核，其獎勵分嘉獎、記功、記大功；其懲處分申誡、記過、記大過。

第17條　工作人員於考核年度內受獎懲處分者，依左列標準增減其考核總分數：

一、記大功一次者，加九分。

二、記功一次者，加三分。

三、嘉獎一次者，加一分。

四、記大過一次者，減九分。

五、記過一次者，減三分。

六、申誡一次者，減一分。

第18條　工作人員服務滿一年者，應予年終成績考核，其標準如左：

一、工作：占百分之五十。

二、品行：占百分之二十五。

三、勤惰：占百分之二十五。

前項服務滿一年，係指一月三十一日以前到職，連續服務至十二月一日以後者。

第19條　工作人員年終成績考核分配為左列四等：

一、甲等：八十分以上者。

二、乙等：七十分以上，未滿八十分者。

三、丙等：六十分以上，未滿七十分者。

四、丁等：未滿六十分者。

前項年終成績考核之獎懲，由各社會團體自行訂定。

第20條　工作人員之年終成績考核，秘書長、總幹事由理事長為之；其餘工作人員由秘書長、總幹事初核簽報理事長核定。

前項考核結果，應提報理事會備查。

第21條　工作人員應接受主管機關及所屬上級團體舉辦之講習研討訓練，其成績由訓練單位通知所屬團體，作為年終成績考核之重要參考。

第22條　經主管機關獎勵之社會團體，其有功績之工作人員，由各該團體視實際狀況，依左列方式自行獎勵之：

一、頒發獎牌或獎狀。

二、發給獎金。

三、記嘉獎以上之獎勵。

第23條　工作人員非有正當理由，並經理事長提請理事會通過，不得解聘僱；秘書長、總幹事之解聘，應先報主管機關核備；其餘工作人員應於解聘僱後報主管機關備查。

第24條　經解聘僱或其他原因離職之工作人員，應於離職之日辦清離職手續，繳回經管之財物後，核發離職證明書。

## 第八章　保險、資遣、退休、撫卹

第25條　工作人員之保險由各社會團體辦理之。

第26條　專任工作人員因團體解散、員額縮減，或身體殘弱不能勝任工作等予以資遣者，由各社會團體發給一次資遣費。

第27條　專任工人員服務同一團體滿二十五年或年滿六十五歲者，得申請

　　　　　　退休，並由各社會團體發給一次退休金。

第28條　專任工作人員有左列情形之一者，由各社會團體發給一次撫卹
　　　　　金：

　　　　　一、因執行會務死亡。

　　　　　二、在職病故。

第29條　資遣、退休或撫卹有關事項，除前三條規定外，得由各社會團體
　　　　　視其性質及財務狀況定之。

　　　　　前項訂定事項，由理事會訂定，提會員（代表）大會通過後實
　　　　　施。

## 第九章　附則

第30條本辦法自發布日施行。

# 附錄六

## 工商團體會務工作人員管理辦法

中華民國六十三年四月二十五日內政部台內社字第580628號令訂定發布

中華民國六十九年六月四日內政部台內社字第22161號令修正發布

中華民國七十年十二月十八日內政部台內社字第51628號令修正發布

中華民國七十九年六月二十九日內政部台內社字第811416號令修正發布

### 第一章　總則

第1條　工商團體之會務工作人員管理，除法律及其相關施行細則另有規定外，依本辦法規定辦理。其他行政命令與本辦法無牴觸者，仍得適用之。

第2條　本辦法所稱工商團體，係指依工業團體法成立之工業團體、礦業團體及依商業團體法成立之商業團體。

第3條　本辦法所稱會務工作人員，係指由工商團體聘僱承辦各該團體會務、業務、財務及人事等之工作人員。

第4條　本辦法所稱會務工作人員管理，係指會務工作人員之編制、聘僱、待遇、服務、考勤、資遣、退職、退休及撫卹等事項。

第5條　工商團體應訂定會務工作人員服務規則，作為會務工作人員管理之依據。

但不得違反本辦法之強制或禁止規定。

前項服務規則於提經理事會通過，報請主管機關核備後實施，修正時亦同。

### 第二章　編制

第6條　工商團體會務工作人員之編制員額如左：

一、全國性工商團體得視實際需要置秘書長一人，秘書一至三人，組長、主任、專員、幹事、助理幹事、辦事員、雇員若干人；其聘用會務工作人員在十人以上者，得置副秘書長一人，每增加二十人，得增置副秘書長一人。

二、區、省（市）級工商團體得視實際需要置總幹事一人，秘書一人，組長、主任、專員、幹事、助理幹事、辦事員若干人；其聘用會務工作人員在十人以上者，得置副總幹事一人，每增加二十人，得增置副總幹事一人。

三、縣（市）級工商團體得視實際需要置總幹事一人，秘書一人，組長、幹事、助理幹事、辦事員、雇員若干人。

四、工商團體得視實際需要聘用技術人員或僱用臨時人員。

工商團體設有辦事處者，得置主任一人。

前二項編制員額，應配合團體財力及業務需要，由各該團體訂定之。

第7條　工商團得視實際需要，設會務、業務、財務、企劃等組（室）辦事。

## 第三章　聘僱

第8條　全國性工商團體聘用秘書長、副秘書長；區、省（市）級工商團體聘用總幹事、副總幹事；縣市級工商團體聘用總幹事應具有左列資格之一：

一、大學或專科以上學校畢業，並具三年以上工作經歷者。

二、高等考試或相當高等考試及格，並具三年以上工作經歷者。

三、曾任委任或相當委任職之經濟或社會行政工作五年以上者。

四、曾任薦任或相當薦任職之經濟或社會行政工作三年以上者。

五、曾在工商團體擔任組長以上職務滿五年者。

全國性及區、省（市）級工商團體聘用秘書、組長、主任、專員；縣（市）級工商團體聘用秘書、組長、專員應具有左列資格之一：

一、大學或專科以上學校畢業、高等考試或相當高等考試及格者。

二、高級中學以上學校畢業或普通考試及格或相當普通考試及格，並具五年以上工作經歷者。

三、曾任委任或相當委任職之經濟或社會行政工作五年以上者。

四、曾在工商團體擔任幹事職務滿五年者。

工商團體聘用幹事、助理幹事或辦事員應具有高級中學以上學校畢業資格；聘用之雇員須具有國民中學以上畢業之資格。

技術人員聘用資格，依核給之職稱比照前三項規定辦理。

前四項之人員曾受會務工作管理訓練及格者得抵減工作經歷一年。

會務工作人員之聘用須有本職專長之學經歷者，得由各該團體訂定之。

第9條　工商團體聘用技術人員，應將其職稱、待遇，提經理事會通過，報請主管機關核備。僱用臨時人員應訂定僱傭契約，僱傭期間不得超過一年。

第10條　工商團體聘用新進會務工作人員之年齡規定如左：

一、秘書長、副秘書長、總幹事及副總幹事不得超過六十歲。

二、秘書、組長、主任及專員不得超過五十歲。

三、幹事以下人員不得超過四十歲。

四　技術人員之聘用年歲限制，依所核給之職稱比照前三款規定辦理。

前項年齡之計算，以戶籍登記之出生年、月、日爲準。

第11條　有左列情事之一者，不得聘僱爲會務工作人員，已聘僱者，應予解聘（僱）。

一、因犯罪經判處有期徒刑以上之刑確定，尚未執行鍋執行未畢者。但受緩刑宣告者，不在此限。

二、受保安處分或感訓處分之裁判確定，尚未執行或執行未畢者。

三、受破產之告，尚未復權者。

四、受禁治產之宣告，尚未撤銷者。

第12條　工商團體不得聘用現任理事、監事爲會務工作人員，並不得聘用現任理事、監事、秘書長或總幹事之配偶及三等親以內血親、姻親爲會務工作人員。但於該理事、監事、秘書長或總幹事就職前已聘用者，不在此限。

第13條　工商團體秘書長、副秘書長、總幹事及副總幹事以外會務工作人員之聘用，應先予試用，並於試用期滿成績合格後，始予正式聘用，試用期間品德不良或無法勝任工作者，應即解聘。

前項試用期間不得逾三個月，並於正式聘用後列入服務年資計算。

第14條　工商團體秘書長、副秘書長、總幹事及副總幹事之聘用，應經由理事長檢具學經歷證件，提經理事會議通過，報請主管機關核備，並由主管機關副知目的事業主管機關。

前項以外會務工作人員之聘用應於試用期滿成績合格後，由秘書長或總幹事檢具學經歷證件，提經理事會議通過報請主管機關核備。

會務工作人員之遴選以公開甄試爲原則。

第15條　工商團體設置辦事處、委員會、小組或其他內部作業組織者，其事務性工作均應調派本會會務工作人員擔任，不得另行聘僱。

第16條　工商團體會務工作人員均應專任，其有特殊情形必須兼任其他工商團體之職務者，應經理事會通過，以兼任一職爲限，並報請主管機關核備。

前項兼職人員之聘僱資格、年齡及聘僱程序，應依其所兼職務之職稱，比照專任人員適用本章規定。

第17條　工商團體秘書長或總幹事及財務人員應於到職前覓妥保證人，填具保證書，繳由團體派員對保無誤後，始准到職，並應每年對保一次。

前項保證書應載明保證人應負保證責任之事項。

第18條　工商團體秘書長或總幹事及財務人員之保證人如有換保或退保必

要時，應即函請該團體通知該員於一個月內另覓保證人辦妥保證手續。

前項工作人員於接獲換保或退保通知後，未於規定期限內另覓保證人辦妥保證手續者，應予解聘。

## 第四章　待遇

第19條　會務工作人員之薪給以薪點計算之。每一薪點之薪點值由各該團體理事會視本身財力自行訂定或調整，並報主管機關核備。

會務工作人員各職稱之薪等、薪級、薪點與薪點值之核給依附表及其說明之規定。

第20條　會務工作人員支領職給以編制內專任者爲限。

兼職人員應爲無給職不得支領薪給。但得經理事會通過發給所兼職務之同職最低級薪給百分之四十以下交通費。

第21條　工商團體得酌酌的財力及工作需要提經理事會通過，對秘書長、副秘書長、總幹事、副總幹事及組長、主任發給主管加給，最高不得超過其薪給五分之二。但團體上年度決算發生虧損或財務困難累積虧損尙未彌補者，得由理事會降低其支給數額。

第22條　會務工作人員因公受傷或積勞患病者，除已參加由團體補助保險費之保險者外，得經理事會通過酌予發給醫療補助費。

申請前項醫療補助費，應檢具醫療機構出具之證明。

## 第五章　服務

第23條　會務工作人員之服務，應遵守左列規定：

一、盡忠職守，依法令章程及理事會決議執行職務。

二、保守職務上應守之機密。

三、應誠實廉潔，不得有足以損害團體名譽之行爲。

四、執行職務應力求切實，對上司就其督導範圍內所發命令，有服從之義務。

五、公款公物非因職務需要，不得動用。

六、保管文書財務應盡職責，不得毀損變換私用或借與他人使用。

七、離職或調職時應將經管工作交代完妥。

八、對於政府交辦或協辦與動員有關之業務，應妥善執行，不得怠忽。

違反前項各款規定之一者，團體應按其情節輕重，予以處分或責令賠償或移送司法機關偵辦。

第24條　會務工作人員之辦公時間，於服務規定中訂定之。

會務工作人員不得遲到早退，秘書長或總幹事應隨時查勤，考核員工勤惰。

第25條　會務工作人員因公出差，應按時往返，不得藉故延遲或逗留。國

內出差者，秘書長或總幹事由理事長核准，其他會務工作人員由秘書長或總幹事核准；國外出差者，應提經理事會通過，報請主管機關備查。

第 26 條 會務工作人員因公出差，其出差及銷差日期，應由主辦人事人員確實登記，銷差時並應提出報告。

第 27 條 會務工作人員因公出差，其國內、國外出差旅費支付標準，由各團體視本身財力參照政府所訂國內、國外出差旅費規則之規定，於服務規則中訂定之。

第 28 條 工商團體對會務工作人員會給假，依其特性參照左列各款於服務規則中訂定之：

一、因事必須親自處理者，得請事假，全年合計不得超過二十一日。已超過規定期限之事假。應按日扣除薪給。

二、因病必須治療或休養者，得請病假，全年合計不得超過二十八日，病假超過三日者，應繳送醫療機構或醫師證明文件。

三、因本人結婚者，准給婚假十四日。

四、因本人分娩者，准給分娩假四十二日；流產者給假二十一日，均應於銷假時，補繳醫療機構或醫師或助產士證明文件。

五、因祖父母、岳父母或子女死亡者，給喪葬假七日；因父母、翁姑或配偶死亡者，給喪假二十一日；因兄弟姐妹死亡者，給葬喪假三日。

六、參加訓練、研習、各種考試或兵役召集者，均應按其所需日數給予公假。

前項給假，得扣除例假。

第 29 條 差假應分別填具公差單或請假單，除因公差應依第二十五條規定辦理外，應簽經秘書長或總幹事核准，秘書長或總幹事差假，應簽經理事長核准；請假人員應委託同事或報請指派人員代理其職務。

第 30 條 請假不滿一日者，以鐘點計算積滿服務規則所訂之每日工作時間為一日，每年假期之計算，以歷年為準。凡到職不滿一年者，其事假、病假之日數在該年度內均按在職之月數比例計算。

第 31 條 准假期間之待遇，應照常發給，如未經准假擅離職守，或假期已滿，仍未銷假到公者為曠職，連續曠職滿七日或全年累積滿十四日者，應予解聘（僱）。

第 32 條 會務工作人員請滿病假二十八天，仍需續假時，得以事假抵充之。因事假期滿仍須繼續醫療或休養，經醫療機構或醫師證明屬實者，得報請理事長核准延長之；其延長時間不得超過一年，延長期滿倒不銷假者，由理事長予以退職或退休。

第 33 條 會務工作人員在同一團體繼續服務滿一定期間者，應給予休假；其休假之規定由團體視其業務及員額之多寡，於服務規則中訂

之。

前項休假得依業務需要由秘書長或總幹事分配輪休。但因業務需要致不能休假者，得視團體財力按休假日數，依薪給標準發給不休假獎金。

## 第六章　考勤

第34條　會務工作人員之考勤，分平時考核及年終考核，秘書長或總幹事由理事長爲之，其他會務工作人員由秘書長或總幹事初核簽報理事長核定。

前項考勤結果應提報理事會，並報主管機關備查。

服務未滿六個月之新進人員與僱用之臨時人員及兼職人員，不參加年終考核。

第35條　會務工作人員之平時考核，依日常工作績效，優良者予以記大功、記功、嘉獎，不良者予以解聘（僱）、記大過、記過及申誡。

前項考核除解聘（僱）外，應依左列規定核給分數，於年終考核時併入計算，功過互相抵銷。

一、記大功一次者增給九分，記大過一次者扣減九分，在考核年度內記大功二次未抵銷者，除年終考核外，發給一個月薪給之獎金，記大過二次未抵銷者，應即解聘（僱）。

二、記功者增給三分，記過者扣減三分。

三、記嘉獎增給　分，申誡者扣減一分。

第36條　會務工作人員之年終考核於每一年度終了後一個月內評定成績，其評定項目及分數比例於服務規則中訂定之。

第37條　依前條評定之分數，各團體可參照左列各款於服務規則中訂定獎懲標準：

一、總分在九十分以上者爲優等，晉薪級二級並給予一個月至二個月薪給之考核獎金。

二、總分在八十分以上不滿九十分者爲甲等，晉薪級一級並給予一個月至一個半月薪給之考核獎金。

三、總分在七十分以上不滿八十分者爲乙等，給予半個月至一個月薪給之考核獎金。

四、總分在六十分以上不滿七十分者爲丙等，於下一考核年度內，不予休假。

五、總分在六十分以下者爲丁等，予以解聘。

前項考列優等人數，以不超過應考核人數十分之一爲原則；考核獎金發給標準，由理事會視團體財力核定之。年終考核應晉級者，其已至本職稱最高薪級，得支高一薪等之年功薪點，如已達年功薪給最高薪級（無級可晉）者，得依前項第一、二款規定發給考核獎金外，另加發一個月考核獎金。

第38條　會務工作人員於考核年度內有左列情事之一者，其考績不得列甲等以上：

一、全年請事假及病假逾十日者。

二、有曠職記錄者。

三、曾受記過以上處分未經抵銷者。

四、訓練成績不及格者。

五、服務規則中有其他限制者。

第39條　主管機關或目的事業主管機關得分別或聯合對會務工作人員予以訓練，並將其成績通知其所屬團體作為年終考核之參考資料。

第40條　會務工作人員除有第十一條規定之情事者外非有正當理由並經理事長提請理事會通過，不得解聘（僱），專員、組長級以上會務工作人員之解聘，並應先報主管機關核准，其餘會務工作人員應於解聘（僱）後報主管機關備查。

前項解聘（僱）人員如係秘書長、副秘書長或總幹事、副總幹事，主管機關於核准後，並副知目的事業主管機關。

第41條　經解聘（僱）或其他原因離職之會務工作人員於離職之日，應辦離職手續，將其所任職務應行移交事項辦理清楚。

第42條　工商團體對會務工作人員因案被起訴，其情節重大者應予停職，停職期間，得由團體視財力發給其薪給之半數；其經法院判決無罪者，應復職補薪。

## 第七章　資遣、退職、退休、撫卹

第43條　工商團體應按全體會務工作人員一個月至二個月之薪給總額逐年提列退撫準備基金，作為支付會務工作人員退職、退休或撫卹之準備，並應專列一目編列，專戶存儲，不得移用。

前項準備基金如有不足支付時，得提經理事會通過報請主管機關核准後動支其他基金。

第44條　會務工作人員因團體解散、合併、裁撤、編制縮減或身體殘弱不能勝任工作等，予以資遣者，應視團體財力，按服務年資，每滿一年發給一個半月薪給之資遣費。

會務工作人員服務滿五年以上而申請退職者，應視團體財力，按服務年資，每滿一年發給一個月退職金。

前兩項服務年資未滿一年部分按比例計算之，其發給金額最高以不超過二十個月之薪給總額為限。

第45條　會務工作人員之退休，應依左列規定辦理，並給與一次退休金：

一、年滿六十五歲者，限齡退休。

二、服務團體滿二十五年，或年滿六十歲且服務團體滿十五年者，得申請退休。

前項退休金，應視團體財力，按服務年資，每滿一年發給二個月薪給之一次退休金，未滿一年部分按比例計算之；發給金額最高

以不超過六十個月之薪給總額並以申領一次爲限。

退休年齡之計算以戶籍登記爲準，服務年資之計算之以在同一團體連續服務之年資爲限，其他年資概不計入。

第46條　會務工作人員有左列情形之一者，應給與一次撫卹金：

一、因公死亡。

二、在職病故。

前項撫卹金，應視團體財力，按服務年資，每滿一年者發給一個月薪給之一次撫卹金，未滿一年部分按比例計算之，如因公死亡者，另加發六個月薪給之一次撫卹金；其最高金額以不超過四十個月之薪給總額爲限。但其服務年資合於退休條件者，按退休之標準發給撫卹金。

第47條　依前三條發給之資遣費、退職金、退休金或撫卹金應以會務工作人員在職最後薪給金額爲計算基準，由理事長提經理事會通過後辦理，並報主管機關備查；其因受處分而解聘者，均不得發給退職金、退休金。

前項薪給金額，以依第十九條規定發給之薪給爲限，不含其他加給、獎金及補助費等。

## 第八章　附則

第48條　本辦法修正施行前已聘用之六十歲以上會務工作人員，其屆限齡退休且身心健康者，得提報理事會並報主管機關備查，准予延長退休年齡至七十歲。

第49條　本辦法於自由職業團體準用之。

第50條　本辦法自發布日施行。

# 附錄七

# 會議規範

中華民國四十三年五月十九日內民字第50440號公布試行
中華民國五十四年七月二十日內民字第178628號公布施行

## 壹、開會

第1條　會議之定義：三人以上，循一定之規則，研究事理，達成決議，解決問題，以收群策群力之效者，謂之會議。

第2條　適用範圍：本規範於左列會議均適用之：

一、議事在尋求多數意見並以整個會議名義而為決議者，如各級議事機關之會議，各級行政機關之會議，各種人民團體之會議，各種企業組織之股東大會及理監事會議等。

二、議事在集思廣益提供意見而為建議者，如各種審查會，處理付委案件之委員會等。

各機關對其首長交議或提供意見之幕僚會議，得準用前項之規定。

第3條　會議之召集：會議之召集，除各該會議另有規定外，依左列規定行之。

一、各種永久性集會之成立會，及各種臨時性集會，由發起人或籌備人召集之。

二、永久性集會之各次常會，或其臨時會議，由其負責人（如主席、議長、會長、理事長等）召集之。

三、永久性集會每屆改選後之第一次會議，如議事機關之常設委員會，或各種企業組織及人民團體之理監事會等，由當選人中得票最多者，或前屆負責人召集之。

召集人應根據路程遠近及交通情形，於適當時間前將開會事由、時間及地點通知各出席人或公告之；可能時，並附送議程及有關資料。

第4條　開會額數：各種會議之開會額數，依左列規定：

一、永久性集會，得自定其開會額數。如無規定，以出席人超過應到人數之半數，始得開會。

前款應到人數，以全體總數減除因公、因病人數計算之。

二、處理議案之委員會，應有全體委員過半數之出席，始得開會。

三、會員無定額者，不受開會額數之限制。

開會時間已至，不足開會額數者，得宣布延長之，延長兩次

仍不足額時，主席應宣告延會，或改開談話會。

第5條　不足額問題：因出席人缺席致未達開會額數者，如有候補人列席，應依次遞補。如遞補後仍不足額，影響成會連續兩次者，應於第二次延會前，由出席人過半數之決議，決定第三次開會日期，預先以書面加敍經過，通知全體出席人，第三次開會時，如仍未達開會額數，但實到人數已達三分之一以上者，得以實到人數開會，並得對無故不出席者，爲處分之決議。必要時得決議改組或改選。

　　　前項候補人遞補後，得臨時行使第二十條出席人之權利。

　　　以上各項，各該會議另有規定者，從其規定。

第6條　談話會：因天災人禍，須爲緊急處理，而出席人因故未達開會額數者，得開談話會，依出席人三分之二以上之同意，作成決議行之，但該項決議應於會後儘速通知未出席人，並須於下次正式會議，提出追認之。

第7條　開會後缺額問題：會議進行中，經主席或出席人提出數額問題時，主席應立即按鈴，或以其他方法，催促暫時離席之人，回至議席，並清點在場人數，如不足額，主席應宣布散會或改開談話會，但無人提出額數問題時，會議仍照常進行。在談話會中，如已足開會額數時，應繼續進行會議。

第8條　會議程序：開會應於事先編訂會議程序，其項目如左：

一、由主席或臨時主席（發起人或籌備人）報告出席人數，並宣布開會。

　　　1.推選主席。（由臨時主席宣布開會者，應正式推選主席，但臨時主席得當選爲主席。）

　　　2.主席報告議程，及各項程序預定之時間。（已另印發議事日程者，此項從略。）

　　　3.主席報告議程後，應徵詢出席人有無異議，如無異議，即爲認可；如有異議，應提付討論及表決。

二、報告事項：

　　　1.宣讀上次會議紀錄。（如係第一次會議此項從略。）

　　　2.報告上次會決議案執行情形。（無此項報告者從略。）

　　　3.委員會或委員報告。（無此項報告者從略。）

　　　4.其他報告。（如有其他各種報告，應將報告之事項或報告人，一一列舉，無則從略。）

　　　5.以上各款報告完畢後，得對上次決議案之執行，或其他會務進行情形，檢討其利弊得失，及其改進之方法。

三、討論事項：

　　　1.前會遺留之事項。（如前會有未完之事項，或指定之事項，須於本次會議討論者，應將其一一列舉，如無此種事項者，從略。）

　　　2.本次會議預定討論之事項。（應將各預定討論事項一一列
　　　　舉。）
　　　3.臨時動議。
　四、選舉。（如有必要，此項得移於討論事項之前）
　五、散會。
　各該會議如已設置紀錄委員會者，本條第一項第二款第一目從
　略。會議紀錄，如未失去機密性質者，應在秘密會中宣讀之。
第9條　來賓演講及介紹：開會時來賓演講，應以事先特約者為限，並以
　　　　一人為宜，演講題目，得先約定，並通知各出席人，或公告之。
　　　　到會來賓，毋須一一演講，但如有必要，得由主席向會眾簡要介
　　　　紹。
第10條　致敬及慰問：凡以會議名義，對個人或團體致敬或慰問，應經正
　　　　式動議及表決，於會後以簡要文字表達之。
第11條　議事紀錄：開會應備置議事紀錄，其主要項目如左：
　一、會議名稱及會次。
　二、會議時間。
　三、會議地點。
　四、出席人姓名及人數。
　五、列席人姓名。
　六、請假人姓名。
　七、主席姓名。
　八、紀錄姓名。
　九、報告事項。
　十、選舉事項，選舉方法，票數及結果。（無此項目者，從
　　　略。）
　十一、討論事項，表決方法及結果。
　十二、其他重要事項。
　議事紀錄應由主席及紀錄分別簽署。
　各該會議得設置紀錄委員會，專司核對紀錄事宜，如有異議，應
　向大會提出報告。
第12條　紀錄人員：會議之紀錄人員，除各該會議另有規定外，得由主席
　　　　指定，或由會議推選之。
第13條　紀錄人員之發言權及表決權：會議之紀錄，如係由會員兼任者，
　　　　有發言權及表決權。
第14條　處分之決議：會眾有左列情事之一者，得經出席人之提議，過半
　　　　數之通過為處分之決議。如情節重大，得由大會成立紀律委員
　　　　會，研議處分辦法，報請大會決定。
　一、無故不出席會議，連續二次以上者。\
　二、發言違反禮貌，損及其他會眾之人格及信譽者。
　三、違反議事規則，不服主席糾正，妨礙議場秩序者。

前項處分之決議，以左列各款爲限。

一、將姓名及其事由，列入會議紀錄。

二、停止出席權一次。

三、向會眾或受損害人當面致歉。

## 貳、主席

第15條　主席之產生：會議之主席，除各該會議另有規定外，應由出席人
　　　　於會議開始時推選，如有必要，並得推選副主席一人或數人。

第16條　主席之地位：主席應居於公正超然之地位，嚴格執行會議規則，
　　　　維持會議和諧，使會議順利進行。

第17條　主席之任務：主席之任務如左：

一、依時宣布開會及散會或休息，暨按照程序，主持會議進行。

二、維持會場秩序，並確保議事規則之遵行。

三、承認發言人地位。

四、接述動議。

五、依序將議案宣付討論及表決，並宣布表決結果。

六、簽署會議紀錄及有關會議之文件。

七、答復一切有關會議之詢問，及決定權宜問題與秩序問題。

其他有關大會會務之重大問題事事件，得依本規範第六十三條第
四款之規定，設立綜合委員會處理之，以維持主席公正超然之地
位。副主席之任務，在協助主席處理有關會議進行之事務，或因
主席因故不能主持會議時，代行主席職務。

第18條　主席之發言：主席對於討論事項，以不參與發言或討論爲原則，
　　　　如必須參與發言，須聲明離開主席地位行之。

主席如必須參與討論時，如有副主席之設置，應由副主席暫代主
席，如副主席亦須參與討論，應選舉臨時主席主持會議。但機關
之幕僚會議，由首長主持者，不在此限。

第19條　主席之表決權：主席以不參與表決爲原則。

主席於議案表決可否同數時，得加入可方，使其通過；或不加
入，而使其否決，但有特別規定之表決人數者，從其規定。

主席於議案之表決，可否相差一票時，得參加少數方面，使成同
數以否決之。

## 參、出席人列席人及代表人

第20條　出席人之權利義務：出席人有發言、動議、提案、討論、表決及
　　　　選舉等權利。出席人有遵守會議規則，服從決議等義務。未出席
　　　　亦同。

第21條　議場秩序：出席人應共同維護議場秩序，於主席發言及議案付表
　　　　決時，不得離開議場。

第22條　列席人：列席人得參與本身所代表單位有關問題之發言與討論。

列席人有遵守會議規則，發言禮貌及議場秩序之義務。

第23條　代表人：出席人因故不能出席會議時，得以書面委託同一團體之其他出席人，代表其發言。

前項規定，如各該會議另有規定者，從其規定。

## 肆、發言

第24條　請求發言地位：主席人發言，須先以左列方式之一，請求發言地位。經主席認可後，始得發言。

一、舉手並稱呼主席請求發言。

二、以書面請求，遞交主席，並註明姓名或議席號數。

主席對前項各款之請求，應點首示意，或稱呼會員，准其立即發言，或紀錄各請求人之姓名席次，依次准其發言。

左列事項無需討得發言地位，並得間斷他人發言：

一、權宜問題。

二、秩序問題。

三、會議詢問。

四、申訴動議。

第25條　聲明發言性質：出席人取得發言地位後，須首先聲明其發言性質，對在場之問題，為贊成，為反對，為修正，或為其他有關動議。

第26條　發言先後之指定：二人以上同時請求發言者，由主席指定其先後次序。

主席依前項指定發言人次序時，得參酌左列情形，指定其先行發言。

一、原提案人有所補充或解釋者。

二、就討論之議案，發言最少，或尚未發言者。

三、距離主席較遠者。

第27條　發言禮貌：發言應有禮貌，就題論事，除以對人為主體之議案外，不得涉及私人私事，如言論超出議題範圍，或有失禮貌時，主席應予制止，或中止其發言，其他出席人，亦得請求主席為之。

第28條　發言次數及時間：發言應簡單扼要，同一議案，每人發言以不超過兩次，每次以不超過五分鐘為宜，但所有出席人均已輪流講畢，或另有規定者不受此限。

提案之說明，質疑之應答，事實資料之補充，工作或重要事項之報告，經主席許可者，不受前項之限制。

出席人如需延長或增加發言次數，應請求主席許可為之。必要時，主席應徵詢會眾有無異議，如有異議，應付表決。

第29條　書面發言：出席人得將發言要點，以書面提請主席，依序交紀錄或秘書人員，宣讀之。

## 伍、動議

第30條　動議之種類：動議之種類如左：

一、主動議：一動議不附屬於任何動議而能獨立存在者，屬之。
其種類如左：

1.一般主動議　凡提出新事件於議場，經附議成立，由主席
宣付討論及表決者，屬之。

2.特別主動議：一動議雖非實質問題而有獨立存在之性質
者，屬之。其種類如左：

(1)復議動議。

(2)取銷動議。

(3)抽出動議。

(4)預定議程動議。

二、附屬動議：一動議附屬於他動議，而以改變其內容或處理方
式爲目的者，屬之。其種類如左：

1.散會動議。

（休息動議）

2.擱置動議。

3.停止討論動議。

4.延期討論動議。

5.付委動議。

6.修正動議。

7.無期延期動議。

三、偶發動議：議事進行中偶然發生之問題，得提出偶發動議，
其種類如左：

1.權宜問題。

2.秩序問題。

3.會議詢問。

4.收回動議。

5.分開動議。

6.申訴動議。

7.變更議程動議。

8.暫時停止實施議事規則一部之動議。

9.討論方式動議。

10.表決方式動議。

第31條　動議之提出：動議之提出，依左列之規定。

一、主動議：得於無其他動議或事件在場時提出之。

一、主動議在場待決時，不得再提另一主動議，如經提出，即爲
不合秩序，主席應不予接述。

二、附屬動議：得於其有關動議，進行討論中提出之，並先於其

　　　　　所附屬之動議，提付討論或表決。

　　三、偶發動議：得視各該動議之性質於有關動議或事件在場時提
　　　　出之。

第32條　動議之附議：動議必須有一人以上附議始得成立。主席對動議得
　　　　自爲附議。各種會議，對附議另有規定者，從其規定。

　　　　左列事項不需附議。

　　一、權宜問題。

　　二、秩序問題。

　　三、會議詢問。

　　四、收回動議。

第33條　動議之程序：動議之程序如左：

　　一、動議者向主席請求發言地位。

　　二、主席承認動議者之發言地位。

　　三、動議者發動議而坐。

　　四、附議（以口呼附議爲之。）

　　五、主席接述動議，並付討論。

第34條　提案：動議以書面爲之者稱提案，提案除依特別規定，得由個人
　　　　或機關團體單獨提出者外，須有附署。其附署人數如無另外規
　　　　定，與附議人數同。

第35條　不得動議之時：有左列情形之一時，除權宜問題、秩序問題、會
　　　　議詢問及申訴動議外，不得提出動議。

　　一、他人得發言地位時。

　　二、表決或選舉時。

第36條　附屬動議之優先順序：附屬動議優先於主動議。其本身之優先順
　　　　序如左：

　　一、散會動議。

　　（休息動議）

　　二、擱置動議。

　　三、停止討論動議。

　　四、延期討論動議。

　　五、付委動議。

　　六、修正動議。

　　七、無期延期動議。

　　　　前項附屬動議如有順序較低之附屬動議待決時，得另提出順序較
　　　　高之附屬動議。但有順序較高之附屬動議待決時，不得提出順序
　　　　較低之附屬動議。

第37條　散會動議：議案進行中，得提出散會動議，如得可決，應即宣布
　　　　散會。散會時，未了之議案，應於下次會中繼續討論。

第38條　擱置動議與抽出動議：擱置動議如經通過，應將其所指之本題，
　　　　及有關之附屬動議，一併擱置之。擱置之議案，得於本會期中動

議抽出之。

　　抽出動議之提出，得於無其他動議或事件在場時行之。

　　抽出動議通過後，應由原案擱置時所在之秩序，繼續進行。

第39條　停止討論動議：議案討論中，得提出停止討論動議，如得可決，議案應立付表決。

第40條　延期討論動議：議案進行中，得提出延期討論動議，如得可決，議案應俟指定時間重行處理。

第41條　無期延期動議：議案進行中，得提出無期延期動議，如得可決，議案視同打銷。

第42條　動議之收回：動議未經附議前，得由動議人收回之。

　　動議經附議後，非經附議人同意，不得收回。

　　動議經主席接述後，原動議人如欲收回，須經主席徵詢無異議後行之，如有異議，由主席逕付表決定之。

　　動議經修正者，不得收回。

第43條　提案之撤回：提案在未經主席宣付討論前，得由提案人徵求附署人同意撤回之。

　　提案經主席宣付討論後，原提案人如欲撤回，除須徵得附署人同意外，並須由主席徵詢全體無異議後行之。

　　提案經修正者，不得撤回。

第44條　動議之分開：一動議具有數段性質者，得由主席或出席人動議分開討論及表決。

　　動議經分開表決後，仍應將全案提付表決。

　　動議之各部均經否決者，該動議視為整個被否決。

## 陸、討論

第45條　動議之討論：動議之討論，應依優先秩序，逐一進行，在同一時間，不得討論二動議。如有違反前項情事發生，主席應予制止，或不予接述。

第46條　討論之程序：內容複雜或條文式之議案，得先就全案要旨，廣泛交換意見，其次分章分節，依次討論，每一章節，應逐條逐款，順序進行，俟議案全部討論完竣，最後再將全案舉行表決。

　　議案之討論，已進行至在後之章節條款時，不得將業經通過在前之章節條款，重行提出討論，但如因在後之章節條款，有所變更，致在前有關之章節條款，確有變更必要者，得於全案討論完竣時，再將該項章節條款，提出討論之。標題之討論，應在全部條文或內容表決後行之。如有前言，應先於標題討論之。議案經廣泛交換意見後，如認為無成立必要，得由主席人提議，參加表決多數之通過，否決之。

第47條　讀會：立法機關於法律規章及預算案之討論，以三讀會之程序為之。

一、第一讀會：於議案列入議程後，由主席宣讀議案標題行之，如全案內容有宣讀之必要，應指定秘書或紀錄爲之。

議案於朗讀標題後，應交付有關委員會審查，或經大體討論後，決議不經審查，逕付二讀或撤銷之。

二、第二讀會：於各委員會審查之議案，或經大會決議不經審查逕付二讀之議案，提付大會討論時行之。

第二讀會應將議案逐條朗讀，提付論討，或碑原案要旨，或委員會審查意見，先作廣泛討論。

第二讀會，就原案要旨或委員會審查意見，廣泛討論後，得經出席人提議，參加表決之多數同意，將全案重付審查。

第二議會，得將修正之條款文句，交有關委員會，或指定人員整理之。

三、第三讀會：顧第二讀會之下次會議行之，但由出席人提議，並經參加表決之多數同意，得於二讀後，繼續進行三讀。

第三讀會除發現議案有互相牴觸，或與憲法及其他法令規章牴觸應修正者外，只得爲文字之修正，不得變更原意。

議案全部處理完竣後應將全案付表決。

第48條　不經討論之事項：左列動議不得討論：

一、權宜問題。

二、秩序問題。

三、會議詢問。

四、散會動議。

五、休息動議。

六、擱置動議。

七、抽出動議。

八、停止討論動議。

九、收回動議。

十、分開動議。

十一、暫時停止實施議事規定一部之動議。

十二、討論方式動議。

十三、表決方式動議。

## 柒、修正案

第49條　修正案提出及處理之方式：修正案之提出及處理，可分爲甲乙二式。各種會議得採用任何一種行之。但同一次會議中，以採用同一種方式爲限。

第50條　修正案提出及處理之甲式：修正案提出及處理之甲式，依左列各款項規定行之。

一、修正之方法。

1.加入字句。

2.刪除字句。

3.刪除並加入字句。

修正案得與本題相衝突，但必須與本題有關，方得提出。（例如：「通過擁護節約運動」一本題，得動議將「擁護」二字修正爲「反對」二字是。）

凡加入或冊除一「不字之修正案，而有否決本題之效果者，不得提出。（例如：「響應提倡食用糙米」一本題，不得動議修正在「響應」之上，加入一「不」字是。）

二、修正之範圍，修正案得對本題一句分字句，或不限於一部分字句，予以曾刪補充提出之。(例如：「設一圖書閱覽室供會員之用」一本題，得動議在「圖書」二字之下，加入「雜誌」二字，或同時將「會員」二刪除，而加入「員工及其家屬」六字是。)

三、第一修正案及第二修正案之提出，本題進行討論中，正反兩方意見未決前，對本題提出之修正，稱第一修正案。第一修正案進行討論中，正反兩方意見未決前，針對第一修正案部份提出之修正，稱第二修正案，或修正案之修正案之修正案。

四、同級修下正案之提出一案未決前，不得提出另一同級之修正案。第一修正案表決後，方得另提其他第一修正案。第二修正案表決後，方得另提其他第二修正案。

五、先事聲明：凡欲提修正案，而不在前款所定之秩序者，得將所欲提之案，先事聲明，以供出席人於表決時，爲贊成與否之考慮與抉擇。

前項經先事聲明之案，至合於秩序時，有優先提出之地位。

六、修正案之討論：第一修正案提出後，本題之討論即暫行中止，應將該第一修正案優先提付討論，如有第二修正案提出，第一修正案之討論即暫行中止，應將該第二修正案優先提付討論，如有第二修正案提出，第一修正案之討論即暫行中止，應將該第二修正案優先提付討論，如無第二修正案提出，即將第一修正案提付表決。

七、修正案之處理：有修正案之動議，其處理依左列順序：

1.第二修正案。

2.第一修正案。

3.本題。

第二修正案經討論後，即提出表決，如經可決即納入第一修正案，而變爲修正之第一修正案。

對前項正後之第一修正案，如尙有修正意見提出，即爲其他第二修正案，如又經可決，即納入該項修正後之第一修正案，而變爲再度修正後之第一修正案。

人民團體經營管理

對前項再度修正之第一修正案，得再提其他第二修正案，其處理如前，直至再無其他第二修正案提出時，即將最後修正之第一修正案，提付表決。前項表決結果，如又爲可決，即納入本題。而變爲修正後之本題。

對前項修正後之本題，如尚有修正意見提出，即爲其他第一修正案，如又經可決，即納入該項正之本題，而變爲再度修正後之本題。

對前項再度修正後之本題，得再提其他第一修正案，其處理如前，直至再無其他第一修正案提出時，即將最後修正之本題，提付表決。

第二修正案如經否決，並無其他第二修正案提出時，即將第一修正案提付表決，第一修正案如經否決，並無其他第一修正案提出時，即將本題提付表決。

八、替代案：凡提出修正案以全部代替原案而仍與原案主旨有關者，稱替代案。（例如：「設立幼稚園一所，以供本會會員子弟之用」之案，得提替代案爲「交由會長調查設幼稚園需費若干，並研議款項之來源」是。）

九、替代案之提出：替代案得於本題進行討論中。或於第一或第二修正案在場時提出之。對於替代案得提修正案，其處理適用修正案處理之方式。

十、替代案之處理：替代案提出後，應予以優先處理。

替代案如獲通過，倘係於本題進行討論中提出者，本題即被打銷；

倘係於第一或第二修正案在場時提出者，本題及第一、或第二修正案均被打銷；替代案如被否決，仍回復至其出時，原案所在之秩序，繼續進行。

第51條　修正案提出及處理之乙式：修正案提出及處理之乙式依左列各款之規定行之：

一、修正案之提出：對於本題之一部分、數部分或全部得提出多數修正案。較繁複之修正案，必要時應以書面方式繕成完整之提案提出之。

二、委員會之整理：對同一本題之修正案，複雜繁多時，得由大會決議交詩設委員會，綜合整理各種性質互異，界限分明之案，送還大會，討論表決。

三、修正案之討論及表決：修正案討論，與本題同時行之，其表決應先於本題行之。

對本題有兩個以上之修正案提出時，其討論之秩序，依提出之先後行之，其表決之次序；應就其與本題旨趣距離最遠者，最先付表決。次遠者次付表決，依此類推，直至所有修正案盡付表決爲止。

數修正案之一，如獲通過，勢須否決另一修正案不再付表
　　　　決。
　　四、本題之表決：一項或數項修正案，如獲通過，應再將修正後
　　　　之本題，提付表決。
　　五、分部表決：修正案之各部分，得分別付表決。
　　　　修正案經分部表決後，應將通過之各部分，納入原案，提
　　　　付表決。
　　　　修正案之各部分，均經否決者，該修正案視爲整個被否決。
　　六、修正案之乙式，其修正之方法與範圍與甲式同。
第52條　修正動議之接納：修正動議，得由原動議人自動接納，經接納後
　　　　之修正正動議。成爲原動議之一部分，應併入原動議中，提付討
　　　　論及表決，毋須分別處理，出席人有反對接納者，仍應提付討論
　　　　表決。
第53條　關於人選款項時日數字等之提出及改擬關於人選、時間、款項、
　　　　數字等，依提出之先後順序，依次表決至通過其一爲止。
第54條　不得修正之事項，左列各款不得修正：
　　一、權宜問題。
　　二、秩序問題。
　　三、會議詢問。
　　四、申訴動議。
　　五、散會動議。
　　六、休息動議。
　　七、擱置動議。
　　八、抽出動議。
　　九、停止討論動議。
　　十、無期延期動議。
　　十一、收回動議
　　十二、復議動議。
　　十三、取銷動議。
　　十四、暫時停止實施議事規則一部之動議。
　　十五、討論方式動議。
　　十六、表決方式動議。

## 捌、表決

第55條　表決之方式：表決應由主席就左列方式之一行之，但出席人有異
　　　　議時，應徵求議場多數之意見決定之。
　　一、舉手表決。（或用機械表決。）
　　二、起立表決。
　　三、正反兩方分之表決。
　　四、唱名表決。唱名表決之方式，如經出席人提議，並得五分之

一以上之贊同，即應採用。

出席人應名時，應起之答應「贊成」，「反對」或「棄權」。如未應名，再唱一次，但不得三唱。

五、投票表決。

前項第五款，除對之人表決應播無記名投票外，對事之表決，以記名投票表示負責爲原則。

第56條　通過無異議認可：

一、通過以表決之方式，獲得多數之贊同者。

二、無異議認可：第六十條所列之事項，得由主席徵詢議場有無異議。稍待，如無異議，即爲認可。如有異議，仍須提付討論及表決，但經主席徵詢無異議並已宣布認可後，不得再行提出異議。

無異議認可之效力與表決通過同。

第57條　兩面俱呈：表決應就贊成與反對兩面俱呈，並由主席宣布其結果。

第58條　可決與否決：表決除本規範及各種會議另有規定外，以獲參加表決之多數爲可決，可否同數時，如主席不參與表決，爲否決。

參加表決人數之計算，以表示可、否兩種意見爲準。如以投票方式表決，空白及廢票不予計算。

第59條　表決之特定額數：左列各款，須分別達到其特定額數，方爲可決：

一、須得參加表決之四分三以上之贊同者。

　　1.關於變更團體宗旨或目的之表決。

　　2.關於團體解散之表決。

二、須得參加表決之三分之二以上之贊同者。

　　1.關於修改團體組織或議事規則之表決。

　　2.關於罷免會員之表決。

　　3.關於處分轉體財產之表決。

　　4.關於已通過議事程序變更之表決。

　　5.暫時停止實施議事規則一部之動議之表決。

　　6.停止討論動議之表決。

第60條　無異議認可之事項：左列各款得由主席徵詢全體出席人意見，如無異議，即爲認可，如有異議，仍應提付討論及表決。

一、宣讀會議程序。

二、宣讀前次會議紀錄。

三、依照預定時間宣布散會或休息。

四、例行之報告。

第五十八條　所定以獲參加表決之多數爲可決之議案，得比照前項規定以徵詢無異議方式行之，但主動議及修正動議，不在此限。

第61條　重行表決：出席人對表決結果，發生疑問時，得提出權宜問題，經主席可，重行表決，但以一次為限。

## 玖、付委及委員會

第62條　議案之付委：議案全部或其一部，得經大會決議，交付委員會處理之。

付委案件，有修正案未決者，應一併付委辦理。

議案內容，包括數種不同性質者，得分交數委員會。

第63條　委員會之種類：委員會之種類如左：

一、常設委員會：永久性之議事機關，得置各種常設委員會。常設委員會得定期舉行改選。

二、特設委員會：各種會議，對特種案件，得特設委員會處理之，於該案件處理完竣後，委員會因任務終了，而當然結束。

三、全體委員：各種會議於審查重要案件時，為使出席人均有暢所欲言之機會，及盡可能獲得大多數或全體一致之見解，得以出席人全體，舉行全體委員會。全體委員會於該案審查完竣，即行結束。

四、綜合委員會：永久性之議事機關，或大規模之會議，得設綜合委員會，處理有關大會會務之重大問題或事件，建議大會採納之。

第64條　委員之產生，委員會之委員，除有特別規定外，由大會推選之，或由大會授權主席指定，提經大會同意之。

第65條　委員會召集人及主席，委員會之召集人，由大會推定或由委員會委員互選，或由大會授權主席指定之。

委員會之主席，除法令另有規定，或另有成例外，得由召集人充任，或於委員會開會時，由委員互選之。

全體委員會開會時，應另推選主席，原大會主席，應暫行退位，俟全體委員會結束，大會復開時，再行復位。

第66條　委員會之議事及表決：委員會之議事，應遵守一般會議規則，但不受發言次數之限制。委員會之表決，除有特別規定外，以獲出席人過半數者為可決。

第67條　邀請列席人員：委員會開會時，得邀請有關人員列席，就所議事項提供書面報告或意見，並予列入會議紀錄。

第68條　付委案件之處理：委員會對付委案件，得予增刪修正，但委員會對全案認為無修正必要時，得以原案送還大會，並敘明其理由。

委員會之討論程序，準用第四十六條之規定。

第69條　對委員會之指示：議案付委時，得由大會附加各項原則性之指示，交由委員會遵照辦理。

第70條　名稱不得修正：委員會對付委案件之名稱，不得修正。但認為確

有修正之必要，得向大會建議之。

第71條　不得修改原件：委員審查案件時，應另作紀錄，不得就原件增刪修改。

第72條　委員會之報告及少數異見之報告：付委案件辦竣後，應將結果向大會提出報告，委員會中有少數異見者，得另提少數異見之報告，以供大會參考。

第73條　委員於大會發言之限制：委員於大會討論委員會之報告或少數異見之報告時，除預先在委員會聲明保留發言權者外，不得爲與委員會報告相反之發言。

第74條　報告之解釋：委員會主席或報告人，爲解釋委員會之報告，得優先發言。

第75條　重行付委：大會對委員會之報告，得予採納修正或不予採納，並得將原案全部或一部交原委員會，或另行指定委員組織委員會重行審查。

第76條　不得對外公布報告。委員會非經大會許可，不得對外公布其報告。

第77條　付委案件之抽出：委員會對付委案件延不處理時，得經大會出席人之提議並參加表決之多數通過，將該案抽出，另行組織委員會審查或由大會逕行處理之。

## 拾、復議及重提

第78條　提請復議之理由：議案經表決通過或否決後，如因情勢變遷或有新資料發現而認爲原決議案確有重加研討之必要時，得依第七十九條之規定提請復議。

第79條　提請復議之條件：決議之復議，應具備左列條件：

一、原決議案尙未著手執行者。

二、具有與原決議案不同之理由者。

三、須提出於同次會或同一會期之下次會，提出於同次會，須有他事相間，提出於下次會，須證明提出人係屬於原決議案之得勝方面者，如不能證明，應得議決該案之會次出席人十分之一以上之附議，並列入再下次會議事日程。

前項附議人數，如另有規定者，從其規定。

第80條　復議動議之討論：復議動議之討論，僅須對原決議案有無復議之必要發言。其正反兩方之發言，各不得越過兩方之發言，各不得超過兩人。

第81條　不得再爲復議：復議動議經否決後，對同一決案，不得再爲復議之動議。

第82條　不得復議之事項：左列各款不得復議：

一、權宜問題。

二、秩序問題。

三、會議詢問。
四、散會動議之表決。
五、休息動議之表決。
六、擱置動議之表決。
七、抽出動議之表決。
八、停止討論動議之表決。
九、分開動議之表決。
十、收回動議之表決。
十一、復議動議之表決。
十二、取銷動議之表決。
十三、預定議程動議之表決。
十四、變更議程動議之表決。
十五、暫時停止實施議事規則一部之動議之表決。
十六、討論方式動議之表決。
十七、表決方式動議之表決。

第83條　重提左列動議如被否決，於議事情況改變後，可以重提：
一、權宜問題。
二、散會動議。
三、休息動議。
四、擱置動議。
五、抽出動議。
六、停止討論動議。
七、延期討論動議。
八、付委動議。
九、收回動議。
十、預定議程動議。

## 拾壹、權宜問題秩序問題及申訴

第84條　權宜問題：對於議場偶發之緊急事件，足以影響議場全體或個人權利者，得提出權宜問題。（例如：議場發生喧擾，妨礙出席人之聽覺，出席人得提請主席制止之。）
第85條　秩序問題：對於議題進行中發生之錯誤，或其他事件，足以破壞議事之秩序者，得提出秩序問題。（例如：發言超出議題範圍，出席人得請求主席糾正之。）
第86條　處理之順序：權宜問題之處理順序，最為優先，秩序問題次於權宜問題，而先於其他各種動議。
第87條　裁定及申訴：權宜問題及秩序問題之當否，不經討論，由主席逕行裁定，不服主席之裁定者，得提出申訴。
申訴須有附議，始得成立。
第88條　申訴之表決：申訴之表決可否同數時，維持主席之裁定。

## 拾貳、選舉

第89條　選舉之方式：選舉之方式，分為左列兩種：
　　　　一、舉手選舉。
　　　　二、投票選舉。

第90條　選舉權及被選舉權：會員之選舉權及被選舉權，除另有規定外，
　　　　一律平等。

第91條　選舉之程序：選舉之程序如左：
　　　　一、主席宣布選舉之名稱，職位，應選出之名額，及選舉方法。
　　　　二、辦理候選人提名，但另有規定或決議時，得省略之。
　　　　三、推定辦理選舉人員。
　　　　四、選舉。
　　　　五、開票並宣布選舉結果。

第92條　辦理選舉人員選舉設監票員若干人，由出席人推定。設發票員、
　　　　唱票員及記票員各若干人，由主席指定或由出席人推定。

第93條　候選人提名：選舉得先舉行候選人提名，其辦法如左：
　　　　一、由會眾簽署提名。每一候選人所需簽署人數，以達會眾十分
　　　　　　之一為原則。
　　　　二、由大會選舉提名委員若干人，組織提名委員會推薦之。
　　　　三、由議場臨時提出而有附議者。
　　　　候選人提名之方法，名額由大會決定。其由提名委員會提名者，
　　　　選舉人得於名單之外，自行擇定人選設票。

第94條　單記法、連記法及限制連記法：選舉得採單記法，連記法或限制
　　　　連記法，除各該會議另有規定外，一次選舉之名額在二名以上
　　　　者，以採連記法為原則；在三名以上者，得採限制連記法，其連
　　　　記額數以應選出人總額之過半數為原則。

第95條　選舉之當選：選舉以得票比較多數者為當選，票數相同時，以抽
　　　　籤定之，如各該會議另有規定者，從其規定。

第96條　選舉名額及候選人均為一人之選舉：選舉名額及候選人均為一人
　　　　時，仍應投票或舉手表決。
　　　　前項投票或舉手表決，應就贊成與反對兩面行之，如反對者為多
　　　　數，應另提候選人，重行選舉。
　　　　當選額數另有特別規定者，從其規定舉行投票時，應以記「○」
　　　　表示贊成，記「×」表示反對。

第97條　開票及宣布結果，選舉完畢，應立即當場開票，並由主席宣布其
　　　　結果。

## 拾參、其他

第98條　另訂議事規則：各種會議得就就實際需要。在不牴觸本規範之範
　　　　圍內，得另定議事規則施行之。

第99條　未規定事項：本規範未規定事項，依 國父民權初步之規定。
第100條　施行日期：本規範自公布日起施行。

## 動議規則一覽表

| 規則項目＼動議名稱 | 主動議 | 特別主動議 | | | |
| --- | --- | --- | --- | --- | --- |
| | 一般主動議 | 復議動議 | 取銷動議 | 抽出動議 | 預定議程動議 |
| 應否討得發言地位 | 應 | 應 | 應 | 應 | 應 |
| 可否間斷他人發言 | 不 | 不 | 不 | 不 | 不 |
| 需否附議 | 需 | 需 | 需 | 需 | 需 |
| 可否討論 | 可 | 可 | 可 | 不 | 可 |
| 可否修正 | 可 | 不 | 不 | 不 | 可 |
| 可以提出那些動議 | 附屬動議、附議動議、取銷動議、收回動議、分開動議、討論方式動議、表決方式動議、暫時停止實施議事規則一部之動議。 | 擱置動議、停止討論動議、延期討論動議、無期延期動議、收回動議。 | 除修正動議外，可以提其他附屬動議、收回動議（附議動議被擱置後不得抽出）。 | 修正動議、收回動議。 | 收回動議。 |
| 表決額數 | 詳五十八、五十九條 | 參加表決之多數 | 與被取消之本題同 | 參加表決之多數 | 參加表決之多數（註一） |
| 可否重提 | 不 | 不 | 不 | 可 | 可 |

## （續）動議規則一覽表

| 動議名稱　規則　項目 | 附　　　屬　　　動　　　議 | | | | |
|---|---|---|---|---|---|
| | 散會動議 | 休息動議 | 擱置動議 | 停止討論動議 | 延期討論動議 |
| 應否討得發言地位 | 應 | 應 | 應 | 應 | 應 |
| 可否間斷他人發言 | 不 | 不 | 不 | 不 | 不 |
| 需否附議 | 需 | 需 | 需 | 需 | 需 |
| 可否討論 | 不 | 不 | 不 | 不 | 可 |
| 可否修正 | 不 | 不 | 不 | 不 | 可 |
| 可以提出那些動議 | 收回動議。 | 收回動議。 | 收回動議。 | 收回動議。 | 復議。停止討論動議、修正動議、收回動議、在同次會可以 |
| 表決額數 | 參加表決之多數 | 參加表決之多數 | 參加表決之多數 | 參加表決之三分之二 | 參加表決之多數(註一) |
| 可否重提 | 可 | 可 | 可 | 可 | 可 |

（續）動議規則一覧表

| 動議名稱　規則項目 | 附屬動議 | | | 偶發動議 | |
|---|---|---|---|---|---|
| | 付委動議 | 修正動議 | 無期延期動議 | 權宜問題 | 秩序問題 |
| 應否討得發言地位 | 應 | 應 | 應 | 不 | 不 |
| 可否間斷他人發言 | 不 | 不 | 不 | 可 | 可 |
| 需否附議 | 需 | 需 | 需 | 不 | 不 |
| 可否討論 | 可 | 可 | 可 | 不 | 不 |
| 可否修正 | 可 | 可 | 不 | 不 | 不 |
| 可以提出那些動議 | 停止討論動議、修正動議、收回動議、在委員會未著手審議前可以復議。 | 分開動議、收回動議、復議動議。停止討論動議、修正動議、復議動議（只能對第一修正案提出） | 停止討論動議、收回動議、復議動議。 | 收回動議。 | 收回動議。 |
| 表決額數 | 參加表決之多數 | 參加表決之多數 | 參加表決之多數 | 不必表決由主席裁定 | 不必表決由主席裁定 |
| 可否重提 | 可 | 不 | 不 | 可 | 不 |

（續）動議規則一覽表

| 動議名稱<br>規則<br>項目 | 偶 | 發 | 動 | 議 | |
|---|---|---|---|---|---|
| | 會議詢問 | 收回動議 | 分開動議 | 申訴動議 | 變更議程動議 |
| 應否討得發言地位 | 不 | 應 | 應 | 不 | 應 |
| 可否間斷他人發言 | 可 | 不 | 不 | 不 | 不 |
| 需否附議 | 不 | 不 | 需 | 需 | 需 |
| 可否討論 | 不 | 不 | 不 | 可 | 可 |
| 可否修正 | 不 | 不 | 可 | 不 | 可 |
| 可以提出那些動議 | 收回動議。 | | 修正動議、收回動議。 | 停止討論動議、收回動議。 | 收回動議。 |
| 表決額數 | 不必表決由主席答覆 | 參加表決之多數（註二） | 參加表決之多數 | 參加表決之多數 | 參加表決之三分之二 |
| 可否重提 | 不 | 可 | 不 | 不 | 不 |

（續）動議規則一覽表

| 動議名稱　　規則　　　項目 | 偶　發　動　議 | | |
|---|---|---|---|
| | 暫時停止實施議事規則一部之動議 | 討論方式動議 | 表決方式動議 |
| 應否討得發言地位 | 應 | 應 | 應 |
| 可否間斷他人發言 | 不 | 不 | 不 |
| 需否附議 | 需 | 需 | 需 |
| 可否討論 | 不 | 不 | 不 |
| 可否修正 | 不 | 不 | 不 |
| 可以提出那些動議 | 收回動議。 | 收回動議。 | 收回動議。 |
| 表決額數 | 參加表決之三分之二 | 參加表決之多數 | 參加表決之多數（註三） |
| 可否重提 | 不 | 不 | 不 |

註一　如係特別議程，需要參加表決之三分之二通過。

註二　先徵詢有無異議，如無異議，即不必再行表決。

註三　如係唱名表決，只需出席人數五分之一以上之贊同。

筆 記

## 人民團體經營管理　　　　　　　　　　　社工叢書 20

著　　　者／陳武雄

出　版　者／揚智文化事業股份有限公司

發　行　人／葉忠賢

總　編　輯／林新倫

執行編輯／張何甄

登　記　證／局版北市業字第 1117 號

地　　　址／台北市新生南路三段 88 號 5 樓之 6

電　　　話／(02)2366-0309

傳　　　真／(02)2366-0310

E - m a i l ／yangchih@ycrc.com.tw

網　　　址／http://www.ycrc.com.tw

郵撥帳號／19735365

戶　　　名／葉忠賢

印　　　刷／偉勵彩色印刷股份有限公司

法律顧問／北辰著作權事務所　蕭雄淋律師

初版一刷／2003 年 11 月

定　　　價／新台幣 400 元

I S B N ／957-818-555-3

國家圖書館出版品預行編目資料

人民團體經營管理 / 陳武雄著. -- 初版. -- 台北
市：揚智文化, 2003[民 92]
　　面；　公分. --（社工叢書；20）
參考書目：面
ISBN　957-818-555-3（平裝）

1. 普通會社

546.7　　　　　　　　　　　　　92015107